Gwybod y Geiriau Adnabod y Gair

Euros Wyn Jones

45 o asudiaethau Beiblaidd yn edrych ar:
Adnabod Duw,
Adnabod Iesu ac
Adnabod yr Ysbryd Glân

ⓗ Cyhoeddiadau'r Gair 2006
**Cyngor Ysgolion Sul Cymru,
Ysgol Addysg, PCB,
Safle'r Normal,
Bangor, Gwynedd, LL57 2PX**

Testun: Euros Wyn Jones
Golygydd Cyffredinol: Aled Davies
Clawr a cysodi: Ynyr Roberts

Cedwir pob hawl. Ni chaniateir copïo unrhyw ran o'r deunydd hwn mewn unrhyw ffordd oni cheir caniatâd y cyhoeddwyr.

ISBN 1 85994 562 7

Argraffwyd yng Nghymru

Cynnwys

1. Adnabod Duw – Enw Duw   Eseia 40:1-11 (42:8)

2. Adnabod Duw – Y Creawdwr   Eseia 42:1-9

3. Adnabod Duw – Y Gwaredwr   Eseia 43:1-15

4. Adnabod Duw – Yr Arweinydd   Eseia 42:10-17

5. Adnabod Duw – yr Etholwr   Eseia 44:1-8 (41:9-10)

6. Adnabod Duw – Y Duw Trosgynnol   Eseia 44:24-28

7. Adnabod Duw ac Adnabod ein Hunain   Eseia 45: 5-12; Salm 8

8. Adnabod Duw a Gwrthod Eilunod   Eseia 46

9. Adnabod Duw – Yr Addewid   Eseia 51:1-16

10. Adnabod Duw – Y Gwas Dioddefus   Eseia 52:13- 53.

11. Adnabod Duw – y Cyfamod   Eseia 55

12. Adnabod Duw – y Brenin   Eseia 56:1-8

13. Adnabod Duw – Tad, Iesu Grist   Mathew 11:25-30

14. Adnabod Duw – Tad y Deyrnas   Mathew 4:12-17;23-25.

15. Adnabod Iesu – Ei Ddysgeidiaeth (1)   Mathew 5:17-20.

16. Adnabod Iesu – Ei Ddysgeidiaeth (2)   Mathew 5: 43-48

17. Adnabod Iesu – Ei Ddysgeidiaeth (3)   Mathew 6:5-13

18. Adnabod Iesu – Ei Ddysgeidiaeth (4)   Mathew 6: 25-34

19. Adnabod Iesu – Ei Ddamhegion(1)   Mathew 13:10-17

20. Adnabod Iesu – Ei Ddamhegion (2)	Mathew 13:44-52
21. Adnabod Iesu – Ei Ddamhegion (3)	Mathew 15:1-20
22. Adnabod Iesu – Ei Ddamhegion (4)	Mathew 18:21-35
23. Adnabod Iesu – Ei Berson	Mathew 16:13-20
24. Adnabod Iesu – Ei Waith	Mathew 16:21-28
25. Adnabod Iesu – Ei Waith	Mathew 17:1-13;22-23
26. Adnabod Iesu – Ei Waith	Mathew 20:17-28
27. Adnabod Iesu – Ei Waith	Mathew 21:1-17
28. Adnabod Iesu – Ei Waith	Mathew 26:36-46
29. Adnabod Iesu – Ei Waith	Mathew 27:45-56
30. Adnabod Iesu – Ei Waith	Mathew 28:1-20
31. Adnabod yr Ysbryd – Goleuo	1 Corinthiaid 2:1-5
32. Adnabod yr Ysbryd – Doethineb Duw	1 Corinthiaid 2:6 – 16
33. Adnabod yr Ysbryd – Teml yr Ysbryd	1 Corinthiaid 3:10-17
34. Adnabod yr Ysbryd – Ysbryd Doniau(1)	1 Corinthiaid 12:1-11
35. Adnabod yr Ysbryd – Ysbryd Doniau(2)	1 Corinthiaid 12:12-31
36. Adnabod yr Ysbryd – Ysbryd Cariad	1 Corinthiaid 13
37. Adnabod yr Ysbryd – Ysbryd Adeiladaeth	1 Corinthiaid 14:1-33 (neu 1-6 a 20-33)
38. Adnabod yr Ysbryd – yr Atgyfodiad	1 Corinthiaid 15:42-49
39. Adnabod yr Ysbryd – Eneiniad, sêl, ernes	2 Corinthiaid 1:15 - 22

40. Adnabod yr Ysbryd – Ysbryd y Cyfamod Newydd   2 Corinthiaid 3:1-13

41. Adnabod yr Ysbryd – Trysor Mewn Llestri Pridd   2 Corinthiaid 4:1-18

42. Adnabod yr Ysbryd - Gweinidogaeth y Cymod   2 Corinthiaid 5: 11-21

43. Adnabod yr Ysbryd – Patrwm y Gwas   2 Corinthiaid 6:1-13

44. Adnabod y Tad, a'r Mab a'r Ysbryd Glân   2 Corinthiaid 13

45. Adnabod yr Ysbryd – Crynhoi

Rhagymadrodd

Dilyn thema a wneir yn y maes llafur eleni. Cafwyd cwynion yn y gorffennol nad oes unrhyw ymgais wedi ei wneud ers blynyddoedd i ddysgu gwirioneddau mawr y Beibl mewn ffordd gyfundrefnol. Ers amser maith ni chynhyrchwyd llawlyfr ar yr athrawiaethau canolog. Hyd yn oed gydag ymddangosiad hon, mae lle eto i lawlyfr llawnach a manylach ar wirioneddau'r Beibl. Yr oeddwn hefyd yn ymwybodol o hoffter dosbarthiadau oedolion o gadw at ddarnau gweddol swmpus o'r Ysgrythurau. Felly, dewiswyd detholiad o adnodau o dair adran er mwyn dysgu am Dduw y Tad a'r Mab a'r Ysbryd Glân.

Dewiswyd, yn gyntaf, ran o broffwydoliaeth Eseia am ei bod yn mynegi mawredd a gogoniant cymeriad Duw. Ystyr yr enw Eseia yw "yr Arglwydd yw Iachawdwriaeth" ac y mae ei enw yn symbol o gynnwys ei neges. Mab Amoz ydoedd ac yn ôl un esboniwr Iddewig yr oedd yn hanu o lwyth brenhinol ac yn proffwydo yn yr wythfed ganrif. Dechreuodd ei weinidogaeth yn 740 C.C. yn y flwyddyn y bu farw'r brenin Usseia (6:1) ac er ei fod yn cyfeirio at farwolaeth Sennacherib yn 681C.C. (37:38) nid oes sicrwydd iddo barhau i broffwydo ar ôl 701 C.C. Yr oedd yn briod gyda dau fab y naill o'r enw Shearyashub sy'n golygu 'gweddill a ddychwel', a'r llall o'r enw Maher-shalal-hash-baz sy'n golygu 'prysuro i'r ysbail.' Y mae'r ddau enw hwn hefyd yn mynegi dwy dynged arbennig i'r genedl y mae Eseia yn eu rhagweld: gobaith y gweddill ffyddlon a dyfodiad dinistr. Dyma ddwy thema sy'n gwau eu ffordd trwy'r llyfr cyfan.

Bu'n ddadl fawr yn y gorffennol ynglŷn ag undod y llyfr. Erbyn hyn, mae ysgolheictod yn llawer parotach i dderbyn ei fod yn gyfanwaith. Er bod penodau 40-66 yn rhagdybio amgylchiadau'r Gaethglud ym Mabilon (578 – 538 C.C.), eto'i gyd, gellir profi mai o safbwynt proffwyd ym Mhalestina'r wythfed ganrif y mae'n proffwydo. Mae tystiolaeth ieithyddol hefyd yn profi mai dyddiad cyn y Gaethglud sydd i benodau 40-66. Y mae dechrau a chlo'r llyfr hefyd yn arwydd o'i undod. Dechreuir gyda Jerwsalem wrthryfelgar ond gorffennir gyda'r Jerwsalem Newydd.

Mae'n berthnasol i ni gofio fod datguddiad Duw ohono'i hun yn yr Hen Destament yn ddatguddiad graddol. Ni ddatgelodd ei holl ewyllys ar unwaith i ddynoliaeth. Nodir cerrig milltir pwysig sydd eto yn edrych ymlaen at fwy i ddyfod. Mae'n amlwg o'r proffwydi bod yr hyn a ddigwyddodd yn eu dyddiau hwy yn baratoad ar gyfer datguddiad llawnach o ras a nerth Duw yn y cyfamod newydd. Am hynny, dwy ran o'r un datguddiad a geir yn yr Hen Destament a'r Testament Newydd. Neges hanfodol y llyfr yw'r ffordd y mae Duw am weithredu er mwyn puro ei bobl trwy farn y Gaethglud a'u dwyn i berthynas gyfamodol ag ef ei hun. Bydd Jerwsalem yn cael ei chwyldroi i fod yn ganolbwynt teyrnas Dduw a fydd yn cynnwys yr Iddew a'r cenedl-ddyn mewn un gorlan. Dim llai na nef newydd a daear newydd a dynoliaeth newydd yw cynnwys ei weledigaeth. Yn hyn o beth mae Eseia yn crisialu neges y Beibl cyfan!

Canolbwyntio ar ddetholiad o adnodau o Efengyl Mathew a wneir yn ail ran y maes er mwyn ceisio crisialu natur person a gwaith Iesu Grist. Ni fu Mathew yn faes llafur ers blynyddoedd. Dyma Efengyl y Disgybl – yr un sy'n ceisio deall beth yw ystyr bod yn ddisgybl i Iesu Grist.

Crynhoi agweddau ar ddysgeidiaeth y TN am yr Ysbryd Glân a wneir yn yr adran olaf y maes llafur. Ceisiwyd osgoi llyfrau fel Actau'r Apostolion ac Efengyl Ioan y bu'r Ysgolion Sul yn eu trafod yn ddiweddar ac felly canolbwyntiwyd ar lythyrau Paul at y Corinthiaid.

Pwysais yn drwm ar y gweithiau canlynol:

Allan Harman, Isaiah, Christian Focus Publications 2005.
Claus Westermann, Isaiah 40-66, Llundain 1966 (Cyfieithiad 1969).
G A F Knight, Isaiah 40-55:Servant Theology, Caeredin 1984.
Davies & Allison, Matthew, ICC Caeredin 1988
Maurice Loader, Yr Efengyl yn ôl Mathew, Caernarfon 1979.
Gordon D Fee, God's Empowering Presence, Mass. 1994.
R Tudur Jones, Yr Ysbryd Glân, Caernarfon 1972.
Michael Ramsey, Holy Spirit, Llundain 1977.

Byrfoddau:
HD – Hen Destament
TN – Testament Newydd
yml. – ymlaen
BCN – Beibl Cymraeg Newydd

1. Adnabod Duw – Enw Duw
Eseia 40:1-11 (42:8)

CRYNHOI

Dysgu am natur a chymeriad Duw trwy astudio proffwydoliaeth Eseia a wneir yn rhan gyntaf y maes llafur eleni. Daw pennod 39 i ben gyda chyfeiriad at y genedl mewn caethiwed ym Mabilon er mai o safbwynt proffwyd ym Mhalestina yn yr wythfed ganrif y mae'n cyhoeddi ei neges. Datgan y mae fod Duw yn cosbi ei bobl am eu hanufudd-dod trwy eu caethgludo, ond yn ei drugaredd mawr, cyhoedda faddeuant a rhyddid iddynt ac adferiad i'w gwlad eu hunain.

Y Rhagredegydd: 40:1-8 Daw llais anhysbys i gyhoeddi neges o ddiddanwch oddi wrth Dduw. Tri gorchymyn: "Cysurwch" (adn. 3-5); "Galwch" (6-8); "Bloeddiwch" (9-11). Cyferchir **"fy** mhobl" – neu mewn geiriau eraill, mae Duw yn para i ystyried Israel yn bobl iddo. Ceir tri rheswm am y cyhoeddiad: cwblhaodd ei thymor gwasanaeth; talodd am ei phechod; cosbwyd hi'n ddeublyg am ei phechodau.

Y tri cyhoeddiad: "Cysurwch". Sail y cysur yw fod yr ARGLWYDD yn dod ar hyd y ffordd a baratowyd ganddo i waredu ei bobl. Fel yn y waredigaeth o'r Aifft a thrwy'r anialwch, Duw sydd yn arwain y ffordd. Wedi paratoi'r ffordd bydd Duw yn datguddio'i hun a gwelir ei ogoniant (gair mawr yn yr HD). Yn arbennig yn y fan hon, ei ogoniant fel Gwaredwr ei bobl. Bydd "pawb" yn ei weld – yr holl fyd.

"Galwch" yw'r ail orchymyn. Nid mewn nerth meidrol mae diogelwch pobl, ond yng ngair yr Arglwydd sy'n para byth.

"Bloeddiwch" yw'r trydydd gorchymyn. Cyhoeddi'r newyddion da a olygir yma. Datgan y llawenydd wrth Jerwsalem fod ei Duw yn dod. Cyflëir y gwirionedd hwn mewn dau ddarlun: y concwerwr mawr a'r bugail ffyddlon. Daw'r concwerwr ac ysbail ei fuddugoliaethau gydag ef tra bo'r bugail yn dod â chysur dihysbydd iddynt (cymh. Deut.4:34; 26:8 a Salm 23 a 78:52 ac wrth gwrs, Ioan 10:1-18).

CYMHWYSO

"Myfi yw'r ARGLWYDD, dyna fy enw; ni roddaf fy ngogoniant i neb arall" (42:8).

Y mae gan yr Iddew nifer o enwau am Dduw – *Elohim, Adonai, El Shadai,* ond y mwyaf cyffredin o ddigon yw Yahweh. Nid oes sicrwydd am ei ystyr, ond mae'n briodol dweud mai dyma'r agosaf at enw personol ar Dduw a geir yn yr Hen Destament. Yr oedd yn enw mor sanctaidd a phur fel y credai rhai Iddewon na ddylid ei ynganu gyda'r canlyniad yr anghofiwyd pa fodd i'w ynganu. Erbyn hyn mae ysgolheigion yn bur sicr eu cred fod yr enw yn perthyn yn agos i'r ferf bod (hayah). Felly, ystyr y gair, mae'n debyg yw, "yr wyf fi" neu "ydwyf" gan gyfeirio at ei bresenoldeb ffyddlon.

Pwysigrwydd enw i'r meddwl Hebreig oedd ei fod yn mynegi natur a phersonoliaeth y sawl a enwyd. A dyma yn union a geir yma:

- Mae enw Duw yn gyfystyr â Duw ei hun. *Shêm Yahweh* – enw'r Arglwydd. Duw ei hun, felly, sy'n dod i gyfarch ei bobl yn y fan hon ac nid unrhyw ddirprwy: "Wele'r Arglwydd DDUW yn dod mewn nerth..." (adn. 10). Deallodd Moses gynt fod datguddio enw Duw yn ddigon i'w bobl: "Ydwyf yr hwn ydwyf" (Exodus 3:13-14). Dyma ddiffinio pwy yw'r Duw a addolir. Y mae'n un sy'n annibynnol ar ei fyd ac ar bobl – yn sofran ymhob peth a wna ac yn hunanddigonol.
- Arglwydd Dduw Israel yw'r Duw hwn – yr un a alwodd ei bobl ac a roes iddynt yr hawl i fod yn genedl. Ym meddylfryd y Dwyrain Canol yr oedd gwybod enw rhywun yn gyfystyr â chael perthynas agos â'r person hwnnw. Mae datguddio enw i rywun yn golygu dod i gymdeithas ag arall. Dyna oedd braint Israel.
- Llygrodd Israel y berthynas honno rhyngddi a Duw ac felly halogodd enw Duw ei hun. Cosbwyd hwy â chaethgludiad i Babilon. Eto'i gyd, oherwydd ei enw sanctaidd mae Duw nid yn unig yn eu barnu ond hefyd yn eu gwaredu.
- Cyhoeddi'r waredigaeth honno a wna Eseia yn y penodau godidog hyn– y newyddion da fod "Duw yn dod". Y mae'n dod am ei fod yn ffyddlon i'w enw.

TRAFOD

Duw personol yw ein Duw ni ac yn galw ar bawb ohonom i berthynas bersonol ag ef. Mae ef yn un y gellir ei adnabod, nid Duw amhersonol yw. Ond pa fodd mae ei adnabod? Rhaid chwilio am ateb yn yr hyn y mae wedi amlygu ohono'i hun yn ei ddatguddiad. Dangosodd ei ogoniant i'w bobl yn y fan hon trwy amlygu ei enw, ei nodweddion, a'i waith – "Dyma eich Duw chwi."

Y mae Duw yn barnu ei bobl mewn cyfiawnder ac yn eu gwaredu oherwydd yr un cyfiawnder. Felly, o brofi grym ei farn arnom yn y dyddiau hyn, gallwn hefyd fod yn sicr o'i waredigaeth.

- Beth mae enw Duw yn ei ddysgu i ni am ei natur ef ei hun?
- A yw barn Duw i'w weld yn ein byd cyfoes?
- Ydi Duw yn disgyblu ei bobl heddiw?
- Beth yw'r cysur a ddaw i'w bobl o wybod am ei bresenoldeb?
- Myfyriwch ar Emyn mawr Edward Jones, Maes y Plwm (*Caneuon Ffydd* 215)

2. Adnabod Duw – Y Creawdwr
Eseia 42:1-9

CRYNHOI

Dyma'r gyntaf o Ganeuon Gwas yr Arglwydd a geir yn y broffwydoliaeth hon. Pwy yn union yw'r Gwas sydd fater o drafodaeth. Yn sicr, dehonglodd Iesu ei weinidogaeth yn nhermau'r Gwas Dioddefus ac y mae elfennau o'r broffwydoliaeth hon yn edrych ymlaen at ddyfodiad y Meseia. Ond gellir dweud hefyd mai Israel oedd y Gwas, ond nid Israel fel yr oedd, ond yn hytrach, Israel fel y dylai fod. Yn y Gwas y sylweddolwyd ac y cyflawnwyd popeth y bwriadodd Duw ar gyfer Israel, ond y methodd hi ei wireddu. Y mae'r berthynas unigryw rhyngddo a Duw yn cael mynegiant mewn nifer o osodiadau pwysig:

- Y mae Duw yn ei gynnal – y ferf yma yw "gafael". Mae'r Gwas yng ngafael Duw.
- Ef yw Etholedig yr Arglwydd – "etholedig" a ddefnyddir yn yr HD i fynegi perthynas unigryw gyda Duw er mwyn cyflawni ei bwrpas.
- Mae Duw yn ymhyfrydu ynddo.
- Rhoddodd ei Ysbryd ynddo er mwyn ei gynnal yn ei dasg.
- Bydd yn llwyddo yn ei genhadaeth o ddod â chyfiawnder a heddwch i'r cenhedloedd.

Yn wahanol i Jwda, ni fydd yn diffodd fel llin yn mygu, ond fe lwydda i ddod â chyfiawnder a barn ar y ddaear.

Llwydda'r Gwas yn ei waith oherwydd Duw sy'n ei gynnal. Y Duw hwn yw neb llai na chreawdwr y byd (Adn. 5 a 6) a'r hwn y mae popeth yn dibynnu arno. Nid yw'r cread yn dianc am eiliad o'i afael ac ni all dyn ffoi i unman rhagddo. Mae cysylltu Duw yn Gwaredu ei bobl gydag athrawiaeth am Dduw y Creawdwr yn un o hoff themâu Eseia. Y Duw a greodd y byd yw'r grym a'r nerth "a'th alwodd di...a'th osod yn gyfamod pobl." Dyma ymadrodd anodd. Yr esboniad gorau yw mai'r Gwas yw hanfod y cyfamod rhwng Duw â'r bobl, a thrwyddo ef y daw bendith nid yn unig i'r caethion ym Mabilon ond i holl genhedloedd y byd. Ef yw goleuni'r cenhedloedd a bydd yn gwaredu y bobl nid yn unig o gaethiwed Babilon ond o afael pechod. Nid yw'n rhyfedd bod Iesu wedi gafael yn y darlun hwn fel y mynega ar ddechau ei weinidogaeth (Luc 4:18-21).

Yn adnod 8 ceir datganiad arall sy'n mynegi enw Duw, yr ARGLWYDD, sy'n gyfystyr â Duw grasol y Cyfamod gwaredigol. Cyn sicred ag y cyflawnodd Duw ei fwriad yn y "pethau cyntaf" bydd hefyd yn eu cyflawni yn y pethau sydd i ddyfod. Mae dehongli'r gorffennol a rhagfynegi'r dyfodol yn eiddo i'r Arglwydd yn unig.

CYMHWYSO

Tystiolaeth aeddfetaf yr HD yw cyhoeddi mai yr ARGLWYDD (YHWH) yw'r Creawdwr ac oherwydd hynny gall ef wneud popeth yn newydd. Y ferf a ddefnyddir yma fel mewn nifer o fannau eraill yn Eseia yw *bara'* i arwyddo gwaith Duw fel Creawdwr ac ni cheir goddrych arall iddi yn yr HD ond Yahweh, Duw Israel. Llefarodd efe a daeth y cyfan i fod. Felly,

- Nid oes i'r bydysawd unrhyw annibyniaeth oddi wrth Dduw. Nid yw'n dianc am ennyd o'i law ef. Hyd yn oed yn yr Aifft ac ym Mabilon dysgodd Israel nad oes dianc rhagddo.
- Ynddo ef y ceir ystyr y greadigaeth a phwrpas i fywyd. Y mae iddi nod ac amcan. Nid damwain yw ei bodolaeth.
- Gwelir ôl ei ddwylo ef arni ymhobman er nad oes unrhyw ran ohoni yn ddwyfol. Adlewyrchu gogoniant a mawredd ei chreawdwr a wna.
- Am fod Duw yn dda gallwn gredu gyda hyder mai amcan daionus sydd ganddo ef ar ei chyfer. "Gwelodd Duw y cwbl a wnaeth ac yr oedd yn dda iawn" (Genesis 1:31).

DYSGWN
- Mai Duw personol yw ein Creawdwr a'n Gwaredwr ni
- Nid hap a damwain yw ein bodolaeth ar y ddaear
- Pwrpas ac amcanion daionus Duw sydd ar waith.

TRAFOD

- Darllenwch yr adnod hon ac ystyriwch ei harwyddocâd yng ngoleuni'r darn uchod: "Trwy ffydd yr ydym yn deall i'r bydysawd gael ei lunio gan air Duw yn y fath fodd nes bod yr hyn sydd yn weledig wedi tarddu o'r hyn nad yw'n weladwy" (Hebreaid 11:3).

- Ai o'i phrofiad o Dduw fel Gwaredwr y daeth Israel i gredu mai ef hefyd yw'r Creawdwr?

- Duw a ordeiniodd y dyfodol yw ein Duw ni ac am hynny nid ofnwn yr hyn a ddaw i'n cyfarfod. Pa gysur a gawn o wybod a deall hyn am Dduw?

- Bu'n ddadl boeth yn y gorffennol ynglŷn â'r cwestiwn, ai mynegi'r dyfodol y mae'r proffwyd neu pregethu i'w oes eu hun? Yng ngoleuni'r hyn a ddysgwn am Dduw yn y darn hwn, beth yw eich barn chwi?

3. Adnabod Duw – Y Gwaredwr
Eseia 43:1-15

CRYNHOI
Dyma un o ddarnau mwyaf grymus nid yn unig y broffwydoliaeth hon ond yr holl Feibl. Ar sail ei ffydd yn Nuw y Creawdwr gall Israel yn awr ymddiried ynddo am waredigaeth. Gall "a'th greodd, Jacob ac a'th luniodd, Israel" nid yn unig gyfeirio at waith Duw yn galw ei bobl i fodolaeth, ond hefyd at ei waith yn creu y byd. Dyma sail ei chysur a'i diddanwch. Oherwydd hynny, bydd yn mynegi ei fawredd a'i ogoniant fel Gwaredwr (*go'el*) ei bobl. Yn y Salmau a'r proffwydi defnyddir y gair hwn i ddatgan pa fod y bydd Duw yn amddiffyn a chasglu ei bobl. Gosododd ei enw arnynt i ddangos mai ei eiddo ef ydynt. Nid yw profiad dirdynnol y Gaethglud yn newid hynny.

Cânt brofi exodus newydd yn union fel y tywysodd Moses ei bobl trwy'r Môr Coch. Gallant hefyd 'rodio trwy'r tân' sydd yn gyfeiriad naill ai at y ffwrnais danllyd y cerddodd Shadrach, Meshach ac Abednego trwyddi (Daniel 3:25-27) neu yn fwy tebygol at y profiad o farn Duw arnynt yn eu caethiwed. Y mae'r pwyslais ar Dduw yn achub am ei fod gyda hwy yng nghanol eu helbul.

Mae'r drydedd adnod yn cynnwys pedwar gair sylfaenol i dystiolaeth Israel am ei Duw: "ARGLWYDD" (Yahweh); "dy Dduw", "Sanct Israel", "dy Waredydd." Yn yr HD mae'r gair "gwaredydd" yn cael ei ddefnyddio i gyfleu rhywun sydd mewn perthynas agos gyda'i bobl, - yn aelod o'r teulu megis - ac yn eu gwaredu nid yn unig oddi wrth orthrwm corfforol ond hefyd oddi wrth gaethiwed ysbrydol. Gweler Salm 103:4,5.

Tystiolaeth unigryw Eseia yw fod yr Arglwydd yn Sanct Israel neu Un Sanctaidd Israel ac yn ddieithriad cysylltir ei enw â gwaredigaeth. Nid un sy'n cymryd pechodau ei bobl yn ysgafn mohono a myn eu cosbi am eu cyflwr, ond am yr un rheswm hefyd ef yw ei Gwaredwr cyfiawn. Dyma gysylltu gyda gweledigaeth fawr Eseia yn y deml, "Sanct, Sanct, Sanct yw Arglwydd y Lluoedd, y mae'r holl ddaear yn llawn o'i ogoniant" (6:3). Mae'r weledigaeth hon yn meddiannu ei fywyd a'i holl weinidogaeth. Ystyr y gair "sanctaidd" (*qadosh*) yw bod ar wahân – mae Duw Israel ar wahân i'r duwiau eraill, yn gwbl unigryw. Oherwydd hynny, mae ar gael ar gyfer ei bobl.

Yn adnod 4 ceir y gair cyfoethog *kopher* sydd weithiau yn cael ei gyfieithu fel 'pridwerth'. Y gair 'cyfnewid' a geir yn y BCN, ond yr un yw'r syniad. Y mae ei bobl mor werthfawr yng ngolwg Duw nes ei fod yn barod i roi cenhedloedd eraill llawer mwy grymus a thalentog yn gyfnewid amdani. Y mae iddi le breintiedig yng nghynllun Duw a bydd ef yn eu galw ynghyd o bellafoedd byd, lle bynnag y gwasgarwyd hwy. Dyma'r addewid a roddwyd yn Deuteronomium 30:3-4. O bedwar ban byd bydd yr alltudion yn dychwelyd. Mae Eseia yn adleisio'r addewid honno.

Arwyddocâd hynny yw'r ffaith syml mai Israel yw 'tystion yr ARGLWYDD'. Mae'r llwyfan yn newid yn awr i lys barn ac yno y gelwir ar Israel i fod yn dystiolaeth sylwer ac nid i roi tystiolaeth. Er bod Israel yn ddall a byddar, mae'r ffaith fod Duw wedi gwneud pethau mor rhyfeddol iddi a throsti yn brawf i'r holl bobloedd o'i fawredd a'i nerth. Y mae credu yn fater o wybod hyn. Ni fynegir hynny yn well yn unman nac yn yr ymadrodd "myfi yw yr ARGLWYDD". Ymadrodd allweddol yn Eseia ac a ddefnyddiwyd gan Iesu yn Efengyl Ioan i fynegi arbenigrwydd ei Berson, *ego eimi*, 'myfi yw'.

CYMHWYSO

Mae i Israel le arbennig yng nghynlluniau Duw ac mae'r un peth yn wir yn hanes yr Eglwys. Fel y genedl bu hithau mewn dyfroedd ac mewn fflamau yn fynych. Gellir dweud mai dyddiau felly yw'r dyddiau hyn. Yn fwy nac erioed mae angen clywed geiriau Eseia i'w chysuro a'i nerthu. Fel Israel mae hithau yn ddall a byddar a geilw Duw arni i fod yn dyst i fawrion weithredoedd ei ras.

Mae dioddefaint hefyd yn rhan o'r bywyd Cristnogol. Cafodd myrdd o bobl gysur anfesuradwy o ddarllen a gwybod am y diddanwch hwn sydd yn Nuw y Gwaredwr. Yr addewid fawr nas cefnir arni byth yw gwybod fod Duw gyda ni bob amser.

TRAFOD

• Pa gysur a gawn o wybod am Dduw fel Gwaredwr a Chreawdwr?

• A ydym yn byw fel Cristnogion ac fel Eglwysi yn yr ymwybyddiaeth fod Duw yn Sanctaidd?

• Bod yn bobl sanctaidd i'r Arglwydd yw galwad gyntaf yr Eglwys. Onid yw hynny ynddo'i hun yn dystiolaeth i fawredd Duw?

4. Adnabod Duw – Yr Arweinydd
Eseia 42:10-17

CRYNHOI

Cân o fawl i'r ARGLWYDD yw hon yn dilyn y wybodaeth am ddyfodiad y Gwas i waredu ei bobl. Y mae'n adleisio nifer o ganeuon adnabyddus fel Salmau 95 – 96 ac yn fynegiant o ffydd gadarn yn Nuw fel arweinydd anffaeledig ei bobl. Y mae'r gân yn edrych ymlaen at ddyfodiad y dydd bydd yr holl genhedloedd yn moliannu'r Arglwydd. Yn yr ystyr hwn mae iddi neges eschatolegol.

Cedar oedd y man lle trigai plant Ishmael – trigolion i'r de o Ddamascus. Ystyr Sela yw 'craig' ac fe ddichon mai trigolion Petra (y gair Groeg am 'graig') sydd mewn golwg yma.

Mynegir rymuster Duw fel Rhyfelwr sy'n mynd allan o flaen ei bobl ac yn ymladd drostynt. Yr un syniad a geir yn Salm 24, "yr Arglwydd, cadarn mewn rhyfel." am gyfnod maith bu'n dawel, ond yn awr mae'n cyffroi i weithredu. Y rheswm am y newid hwn yw ei fod oherwydd ei sancteiddrwydd yn eiddigus dros ei bobl ac am eu gwaredu o Babilon.

Y Duw hwn yw arweinydd ei bobl. Bydd yn dymchwel pob rhwystr o'u blaenau ac yn eu tywys i ddiogelwch.

CYMHWYSO

Mae'r syniad o Dduw yn arwain ei bobl yn hanfodol i neges yr H.D. Nid yn unig arweiniodd hwy allan o gaethiwed yr Aifft – "Cofiwch yr holl ffordd yr arweiniodd yr Arglwydd eich Duw chwi yn ystod y deugain mlynedd hyn yn yr anialwch" (Deuteronomium. 8:2). Y mae'n brawf ei fod ef ar gael iddynt bob amser yn ystod ei phererindod maith o'r Aifft i Ganaan. Trwy bob bygythiad a phrawf ar ei ffydd fe ddaeth y genedl fechan hon i ddeall ac i gredu yng ngallu ei Duw i'w harwain. Bu'n rhaid iddi ddysgu gwersi caled yn y diffaethwch yn enwedig pan geisiodd fynd yn ôl i ddiogelwch yr Aifft. Yn yr anialwch, lle nad oes cysuron bywyd, ni all Israel gerdded heb arweinydd a thywysydd. Yn ei nerth ei hun ni all ddod i'r lan. Yma y dysgodd am y Bugail sydd yn ei harwain i borfeydd breision.

Mae'r Eglwys yn cael ei themtio i bwyso ar bethau sy'n gyfarwydd iddi, ac yn barhaus yn cael ei themtio i ddilyn esiampl y byd ac ymddiried mewn delwau neu dduwiau bach o'i gwneuthuriad ei hun ac anghofio ei gwir arweinydd. Yn y cyflwr hwnnw yr ydym ninnau yn y dyddiau hyn. Fel Israel gynt, mae Duw yn ein ceryddu ac yn ein disgyblu er mwyn i ninnau ddysgu ymddiried yn ei allu ef yn unig.

TRAFOD

- Y mae'r syniad o Dduw yn arwain ei bobl yn un cyfoethog yn y Beibl. I ba raddau yr ydym wedi colli golwg ar Dduw fel Bugail-Arweinydd ei bobl yn ei dyddiau ni?

- A yw Duw yn ceryddu ei bobl? Os ydyw, a yw'n gwneud hynny heddiw?

- I ba raddau mae addoli eilunod yr oes hon wedi ein dallu i fawredd ein Duw?

5. Adnabod Duw – yr Etholwr
Eseia 44:1-8 (41:9-10)

CRYNHOI
Unig sail cysur Israel yw fod Duw wedi ei dewis i gyflawni ei bwrpas. Er iddi fyw yn annheilwng o'r pwrpas rhyfeddol hwnnw, ac iddo yntau ei chosbi am hynny, ni phalla ei fwriad tragwyddol na'i amcanion daionus trwyddi hi.

Mae geiriau agoriadol y bennod yn ei hatgoffa fod Duw wedi ei dewis nid oherwydd unrhyw rinweddau ynddi hi ei hun, ond yn unig oherwydd fod Duw yn ei charu (Deuteronomium 7:7-8). Mae'r iaith a ddefnyddir yn ei hatgoffa o'r ffaith mai yr hwn a'i lluniodd ac a'i creodd fel pobl yw'r un Duw a wnaeth y bydysawd. Yn ychwanegol, mae Duw yn gofalu amdani fel mam yn gofalu am ei phlentyn yn y groth.

Canlyniad cyntaf ethol y bobl yw eu bod i feddiannu sicrwydd ac i beidio ag ofni. Dyma gysur yr athrawiaeth i Israel ac i bob oes. Nid sail i falchder a hunangyfiawnder ydyw, ond testun diolchgarwch a llawenydd a chyfrifoldeb i fod yn dystion i Dduw.

Cadarnheir y ffaith fod Duw wedi ei dewis trwy dywalltiad yr Ysbryd arni megis tywallt dŵr ar dir sych. Dyma addewid bendant am ddyfodiad yr Ysbryd y bydd proffwydi eraill fel Eseciel a Joel yn cyfeirio ato, maes o law. Y prif bwynt yma fodd bynnag, yw fod Israel yn derbyn sicrwydd a chadarnhad o'i hetholedigaeth. Arwydd o hynny fydd tywalltiad yr Ysbryd arnynt.

Daw bendith yn sgil tywallt ei Ysbryd ar bob un. Tyfant fel glaswellt a choed helyg – arwydd o ffrwythlondeb a llawnder ac arwydd o ffyniant Israel yn y dyfodol. Ond sylwer nad ar y genedl gyfan bydd yr Ysbryd yn cael ei dywallt ond ar unigolion. Bydd pob un yn profi o fendith yr Ysbryd. Addewid na chafodd ei gyflawni nes dyfod y Meseia.

CYMHWYSO

Rhan o brofiad chwerw bywyd yw fod pethau yn methu. Cyfeillgarwch yn darfod, teuluoedd yn chwalu, colli bywoliaeth a cholli iechyd. Y sicrwydd mae Duw yn ei gynnig i'w bobl yw nad yw eu hiachawdwriaeth yn ddibynnol arnynt hwy a'u mynych fethiannau, ond ar gadernid ei etholedigaeth gadarn ef ei hun.

Ym Mabilon hawdd iawn fyddai i'r bobl gredu fod pawb a phopeth wedi eu gadael, ond nid eu Duw. Dysgodd Israel trwy brofiad chwerw nad breintiau i'w cadw iddi ei hun oedd bendithion etholedigaeth, ond addewidion i'w rhannu.

Sicrwydd y Cristion yw gwybod fod Duw o'i blaid a bod ei iachawdwriaeth yn dibynnu nid ar ei ewyllys anwadal ef ei hun ond ar gadernid Duw. Prawf pendant o'i iachawdwriaeth yw profi grym yr Ysbryd Glân yn ei fywyd.

TRAFOD

- Yng nghymeriad Duw ei hun mae chwilio am resymau dros ethol Israel ac nid yn unrhyw rinwedd ynddi ei hun. Ai dyma'r allwedd i ddeall athrawiaeth etholedigaeth?

- Ai sail i gysur a diddanwch yw gwybod am etholedigaeth Duw neu sail i hunanoldeb a balchder?

- Ym mha ystyr yr oedd ymgais Hitler i greu yr hil berffaith yn gwahaniaethu oddi wrth Dduw yn ethol Israel?

6. Adnabod Duw – Y Duw Trosgynnol
Eseia 44:24-28

CRYNHOI

Cerdd yn moli'r Duw trosgynnol/uwchfodol yw hon namyn dim arall. Cyfansoddwyd hi yn fanwl er mwyn nodi'r cyhoeddiad a wneir am ddyfodiad Cyrus ac am Jerwsalem.

Egyr gyda'r gosodiad sy'n datgan pwy sy'n llefaru, "Dyma a ddywed yr Arglwydd..." gwaredwr a lluniwr Israel. Ef ei hun a greodd y nefoedd a'r ddaear ac am hynny mae geiriau'r gau-broffwydi yn ofer. Yr un modd, mae dewiniaeth yn amddifad o bob doethineb.

Cadarnheir y gair y bydd ef yn ei anfon trwy ei was – Eseia ei hun, mae'n debyg a olygir. Y cyngor sydd ganddo a'i gydbroffwydi yw sicr ewyllys yr Arglwydd ei hun. Y mae i Jerwsalem ran yn y cynlluniau hynny. Fe'i hadferir hi trwy ei hail adeiladu ynghyd â dinasoedd eraill Jwda.

Yn adn. 27 cyfeirir at y waredigaeth trwy'r dyfroedd yn yr ecsodus. Bydd y dychweliad o'r gaethglud yn debyg i'r waredigaeth o'r Aifft.

Yn adn. 28 datguddir pwy yw'r gwaredwr sy'n dyfod. Cyrus, brenin Persia yw hwnnw a gelwir ef yn Fugail yr Arglwydd – term cyfarwydd yn y Dwyrain Canol am frenin. Ef fydd yn cyflawni ewyllys yr Arglwydd trwy ryddhau Israel ac ailadeiladu Jerwsalem a gosod sylfeini'r deml newydd. Sylweddolwyd y geiriau hyn pan orchmynnodd Cyrus yn 538 C.C. fod yr Iddewon i ddychwelyd ac ail adeiladu'r deml.

Trefnwyd y gerdd mewn tri phennill ac y mae i'r rhif tri le pwysig mewn datganiadau proffwydol. Mae'r rheswm am hynny'n glir a syml. Y diben yw mynegi'r gorffennol, y presennol a'r dyfodol – y rhain yw tri rhaniad amser. Trwyddynt mae'r proffwyd yn datgan sofraniaeth lwyr Duw dros y cwbl. Dros eu doe, eu heddiw a'u hyfory. Ef yw'r tragwyddol Dduw, uwchlaw amser, ond yn delio gyda'i greaduriaid oddi mewn i amser. Felly mae ei weithredoedd yn y creu, yn ei ragluniaeth a'i waredigaeth yn digwydd o fewn i derfynau amser.

CYMHWYSO

Mae'r gorffennol yn bwysig am ei fod yn ein dysgu am lawer o bethau yn enwedig y pethau y dylid eu hosgoi yn y presennol. Dysgu trwy ein camgymeriadau a wnawn. Ond darfu ddoe, fodd bynnag, ac er cymaint yr hoffem, ni allwn ei alw'n ôl. Mae'r presennol yn bwysicach na'r gorffennol am mai dyma ein hamser ni. Y mae amser hefyd yn gyfle. Heddiw yw ein cyfle ni. Ond nid yw'r presennol yn ddim namyn trothwy'r dyfodol. Daw'r dyfodol yn gyflym i'n cyfarfod gyda'i ansicrwydd a'i bryder.

Neges Eseia yma yw mai'r Duw a greodd bob peth ac na fethodd erioed yn holl hanes dynoliaeth a chyflawni ei air. Y sicrwydd hwnnw sydd ganddo i'w gyhoeddi i'w bobl mewn caethiwed. Datganiad clir mai y Duw trosgynnol sydd wedi llywodraethu eu gorffennol, sy'n llywio eu presennol ac yn agor y dyfodol o'u blaenau.

Yr hyn sy'n rhyfeddol yw ei fod yn cyflawni hynny trwy Cyrus, brenin Persia ac wrth gwrs, yn genedl-ddyn.

TRAFOD

- Pa gysur a gawn o wybod fod Duw uwchlaw ei fyd yn rhydd o hualau amser?

- Estyn ei law i'n tywys i'r dyfodol a wna Duw – a fentrwn ni mewn ffydd roi ein llaw yn ei law ef?

- Nid peth hawdd yw dirnad ewyllys yr Arglwydd. Pa gynorthwyon y mae Ef wedi estyn i'n helpu?

- Cofio ddoe, gweithredu heddiw neu gobeithio am yfory – pa un yw'r pwysicaf i'r Cristion?

7. Adnabod Duw ac Adnabod ein Hunain
Eseia 45: 5-12; Salm 8

CRYNHOI

Mae'r geiriau yn ein harwain i ganol yr adran o broffwydoliaeth Eseia sy'n sôn am yr unig Waredwr 44:24 – 45:25 sy'n cynnwys gwaredigaeth ac adferiad Jwda (44:24-28) a dyfodiad Cyrus, brenin Persia (45:1-10). Eisoes cyflwynwyd Cyrus, fel bugail yn 44:28 ond yn awr fe'i gelwir yn Feseia (yr Eneiniog). Y mae hyd yn oed y brenin estron hwn yn llaw Duw er mwyn cyflawni ei bwrpas mawr o waredu ei bobl. Dyma yn union yw ergyd y geiriau rhyfeddol hyn. Nid tystio i amldduwiaeth y mae'r adran hon, fel y myn rhai ar sail y ffaith mai addoli Marduk, un o dduwiau Babilon, a wnâi Cyrus, ond datgan yn eglur mai Arglwydd Dduw Israel sydd yn llywodraethu pob peth. Ar wahân iddo ef nid oes Duw. Y mae'r Arglwydd yn defnyddio pawb a phopeth i'w ddibenion ei hun. A daw bendith i'r cenhedloedd trwy gyfrwng y brenin estron hwn.

Yr Arglwydd yw'r un sy'n creu goleuni a thywyllwch, llwyddiant (*shalôm* sy'n gallu golygu 'heddwch') a methiant (*ra'* sy'n golygu 'drygioni' ond yn yr ystyr ehangach yma o 'ddrygfyd' neu 'fethiant'). Y mae popeth yn digwydd o dan ei awdurdod ef.

Cadarnheir y neges hon yn yr adnodau nesaf. Duw yw Arglwydd hanes, ef sy'n llywodraethu popeth. Mae'r darlun o weithdy'r crochenydd yn un cyfarwydd. Yma, mae Israel fel pe bai yn amau doethineb gwaredigaeth Duw trwy law brenin estron ac yn derbyn ateb terfynol. "Pwy wyt ti i gwestiynu ffyrdd yr Arglwydd neu i ymryson â'th luniwr?" Fel clai yn llaw'r crochenydd daw Israel i ddeall natur sofraniaeth ei Duw.

Dyma'n union a fynegir yn Salm 8

CYMHWYSO

Tystiolaeth syfrdanol y darn hwn yw fod yr Arglwydd yn llywodraethu hanes. Ymhellach, mae holl blygion hanes yn digwydd er mwyn i Dduw gyflawni ei bwrpas mawr o waredu ei bobl. Golyga hyn fod hyd yn oed brenhinoedd estron yn rhan o'r pwrpas hwnnw. Er i Cyrus addoli duwiau eraill – duwiau oedd yn awgrymu deuoliaeth rhwng goleuni a thywyllwch – eto'i gyd yr Arglwydd sy'n cyflawni ei bwrpas dirgel ac nid oes deuoliaeth o gwbl.

Yn y byd cyfoes gyda'i drychinebau a'i drasiedïau hawdd iawn i ninnau yw llithro i gredu fod bywyd yn frwydr rhwng galluoedd y goleuni a'r tywyllwch ac mai teganau ar drugaredd rhyw rymusterau mympwyol ydym. Nid dyma dystiolaeth Eseia. Yr Arglwydd sy'n cyflawni popeth ac os oes grymusterau eraill yn bod nid ydynt ddim namyn gweision ei amcanion dirgel.

Ni ddeallwn ffyrdd yr Arglwydd ac y mae ei amcanion yn ddirgelwch i ni yn aml. Y mae trychinebau personol a chenedlaethol yn gofyn am ffydd enfawr yn ei ddaioni a'i drugaredd. Dim ond yn yr amgylchiadau hynny y profwn o'i oleuni. Y mae'r Cristion yn cael ei brofi yn aml am ei ffydd ac yn y profi hwnnw yn gorfod dysgu fel Israel "Tu cefn i len rhagluniaeth ddoeth, mae'n cuddio wyneb Tad."

Yng ngoleuni Duw yn unig y deallwn pwy a beth ydym ni ac y ceisiwn oleuni ar ein byw bregus a brau. "Yn dy oleuni di y gwelwn ni oleuni."

TRAFOD

- "Trwy ddirgel ffyrdd mae'r uchel Iôr yn dwyn ei waith i ben". I ba raddau mae emyn William Cowper yn fynegiant o neges y proffwyd yma?
- Trwy hawlio bod Duw Israel yn Un Duw, sanctaidd ac eiddigus, mae Eseia yn gwneud honiad sy'n gwbl amhosibl i'r oes amlgrefyddol hon ei arddel?
- Trwy adnabod Duw y deuwn i adnabod ein hunain, ond honiad yr oes hon yw "seek not the face of God to scan, the proper study of mankind is man." Ai gwir yr honiad?
- Os yw Duw wedi uniaethu ein hun gyda'i bobl, onid yw eu treialon a'u poenau yn tystio i'w ofal amdanynt?

8. Adnabod Duw a Gwrthod Eilunod
Eseia 46

CRYNHOI

Thema gyson Eseia yw datgan oferedd duwiau Babilon. 'Bel' oedd enw'r Babiloniaid ar 'arglwydd' ac yn gyfystyr â 'Marduk', eu prif dduw a'r un yr offrymwyd plant iddo. 'Nebo' oedd duw dysg a deall ac ysgrifennu. Er cymaint eu cryfder ymddangosiadol yng ngrym yr ymerodraeth Fabilonaidd, eto maent yn ddiymadferth ac yn gorfod cael eu cludo ar gert a'u tynnu gan ych!

Mewn gwrthgyferbyniad llwyr, yn adnodau 3 a 4 darlunnir Duw Israel yn cario ei bobl ac nid fel un yn cael ei gario ganddynt. Fel mam yn cario ei phlentyn yn y groth, felly y dygodd Duw hwynt.

Neges fawr Eseia yw fod Duw yn anghymharol ac am hynny nid oes unrhyw ddarlun na delw yn ddigonol i'w gynrychioli. Yn wir, onid yw'r Gyfraith yn gwahardd gwneud delw ohono? Ffolineb ac ynfydrwydd llwyr yw ceisio gwneud delwau allan o aur neu arian neu bren i ymgrymu o'u blaenau. Ac nid hynny'n unig, mae'r addolwyr yr gorfod cario'r delwau o le i le! Tristwch y delwau yw eu bod yn wrthrych gweddi ac offrwm ac am hynny yn dwyll a chelwydd.

Bygythiad parhaus i hunaniaeth Israel oedd ymgolli yn addoliad y duwiau eraill ac anghofio am y Duw a'i galwodd ac a'i gwnaeth yn genedl. Dyna pam mae Duw yn eu hatgoffa mai ef yn unig sy'n mynegi'r diwedd o'r dechreuad. Y mae ei air yn ddiwyro a'i gyngor yn aros byth. Mae hyd yn oed Cyrus, "yr aderyn ysglyfaethus" yn ufuddhau i fwriadau ac amcanion Duw.

Daw'r adran i ben gyda rhybudd i'r bobl bengaled i **wrando** gair yr Arglwydd. Mae'n dod yn ei gyfiawnder i achub ei bobl. Mae gwrando ar yr Arglwydd bob amser yn weithred o obaith.

CYMHWYSO

Perygl addoli delwau yw eu bod yn amddifadu'r rhai sy'n eu haddoli o'r gwir addoliad ac yn sgîl hynny yn colli eu gwir hunaniaeth. Trwy addoliad mae dyn yn datrys problem pwy a beth ydyw mewn hyn o fyd. Os delwau yw gwrthrych ein haddoliad, boed y rheini'n arian neu aur, hunanoldeb neu balchder, collwn olwg ar ein gwir ddiben yn y byd – collasom ddelw y gwir Dduw arnom. Dyma'r trasiedi. Mae addoli delwau yn ein hamddifadu o'r ddealltwriaeth gywir o pwy ydym ni a beth yw ein diben yn y byd. Fel y gwelsom yn un o'r gwersi blaenorol, mae adnabod Duw yn rhoi i ni'r gallu i adnabod ein hunain.

Ymhellach, mae ein haddoliad yn esgor ar fywyd o wasanaeth. "Câr yr Arglwydd dy Dduw a châr dy gymydog fel ti dy hun." Y mae'r ddeubeth yn mynd law yn llaw. Mae addoli eilunod, fodd bynnag, yn esgor ar ormesu cymydog. A dyfynnu o Walter Brueggerman, *Theology of the Old Testament*, "In practice, idolatry (hatred of the true God) comes down to oppression (hatred of the neighbour)" (td.697). Onid ydym wedi dysgu bellach, fel mae cariad at arian, addoli mamon, yn esgor ar ormesu ac ecsploetio digyfaddawd ar y tlawd a'r anghenus? Nid rhywbeth dibwys felly yw addoli duwiau'r oes yn lle addoli'r gwir Dduw.

Ond ar y llaw arall, mae gwrando ac ufuddhau i'r Arglwydd yn weithred o obaith ac iachawdwriaeth.

TRAFOD

- Beth yw'r eilunod sy'n llenwi calonnau pobl heddiw? Faint o fygythiad sydd i fywyd ein heglwysi o'r delwau modern?

- Fel mae'r gred yn rhagluniaeth Duw yn edwino, cyfyd pob math o eilunaddoliaeth yn ei lle.

- Fel y dengys y sylw a gafodd nofel Dan Brown, *The Da Vinci Code* nid diffyg cred yw problem fawr ein hoes ni, ond credu pob math o sothach.

- Trasiedi eilun ('ail'+ 'llun') fel pob "counterfeit" arall yw amddifadu pobl o'r gwreiddiol.

9. Adnabod Duw – Yr Addewid
Eseia 51:1-16

CRYNHOI

Ym mhenodau 51 a 52 ceir cyfres o alwadau sy'n atgoffa'r genedl o'r ffaith mai Duw yr Addewid yw ei Duw hi. Mewn cyfres o alwadau sylfaenol: "Gwrandewch", "Gwrandewch", "Gwrandewch", "Deffro", "Deffro", "Deffro" nes dod i'r uchafbwynt yn 52:11-12 gyda'i "Allan", "Allan", "Ewch Allan". Lluniwyd y galwadau hyn er mwyn i Seion gael cysur ac anogaeth oddi wrth addewidion Duw ac i baratoi ar gyfer ymadawiad buan o Babilon. Newidir dyddiau tristwch yn ddyddiau o lawenydd a gorfoledd.

Yn 51:1 cyferchir y rhai sy'n amlwg yn dal i obeithio yn yr Arglwydd ac nid yr alltudion i gyd. Yr addewid a roddodd Duw i Abraham (Genesis 11-21) y bydd ei ddisgynyddion yn profi o'i fendith gyfoethog yw'r cefndir yma. Abraham yw'r graig y naddwyd hwy ohoni a'r chwarel y cloddiwyd hwy ynddi. Mae cofio hynny yn troi yn sail i gysur oherwydd bydd Duw yn troi eu diffaethwch yn Eden newydd.

Yn ogystal, mae'r alltudion i ddeall fod cynlluniau Duw yn cynnwys y cenedl-ddynion (4-6). Onid oedd hynny yn rhan o'r addewid ar y dechrau: "ynot ti y bendithir yr holl genhedloedd?" Nid yr Iddewon yn unig fydd yn profi iachawdwriaeth sicr a chadarn Duw – iachawdwriaeth sy'n sicrach na'r nefoedd a'r ddaear!

Mae'r trydydd "Gwrandewch" yn cyfarch y ffyddloniaid, y rhai sydd â chyfraith yr Arglwydd yn eu calonnau. Duw yw cysurwr a chynhaliwr y rhai sy'n cael eu dirmygu a'u biwsio. O genhedlaeth i genhedlaeth mae trugaredd achubol Duw yn gadarn.

Yn adn. 9 cyferchir Duw ei hun. Mae "braich yr Arglwydd" yn drosiad am ei nerth ac yma ceir galwad newydd ar iddo ddatguddio ei allu. Rahab a'r ddraig yw'r grymusterau gwrthwynebol i Dduw ac yn fynych yn y Beibl fel yn y fan hon maent yn cynrychioli yr Aifft a Babilon. Cofio gweithredoedd nerthol Duw adeg y waredigaeth o'r Aifft yw cysur yr alltudion. "Dônt i Seion dan ganu, a llawenydd tragwyddol ar bob un" oherwydd gwaredigaeth yr Arglwydd.

Yn adn. 12-13 mae Duw yn ateb a cheir pwyslais unwaith eto ar ei waith fel Creawdwr. Yn adn. 14-16 atgoffir y bobl unwaith eto mai pobl yr Arglwydd ydynt – dyna galon yr addewid fawr.

CYMHWYSO

Duw sy'n cyflawni ei Addewid yw un o themâu mawr y Beibl. O Genesis i Datguddiad gwelir Duw yn cyflawni ei amcanion mewn modd rhyfeddol. Cofio hynny yw gobaith y genedl yn ei chaethiwed. Cofio mawrion weithredoedd yr Arglwydd i'w bobl yn y gorffennol – yn enwedig yn y waredigaeth o'r Aifft – yw'r sail i obeithio am yfory ac i nerthu eu gweithredu heddiw.

Cadernid ei waredigaeth yw sail cysur ei bobl bob amser, ac nid eu clyfrwch hwy eu hunain nac amlder eu doniau. Yng nghanol yr oes seciwlar hon, ambell dro ceir yr argraff fod yr eglwysi mewn panig a diymadferthedd llwyr ynglŷn â'r ymateb priodol. Y wers bwysig i ni o'r darn hwn yw i ymddiried o'r newydd yn yr Arglwydd sy'n sicr ei fwriadau ac yn cyflawni ei amcanion. Dyma'r neges i'r ffyddloniaid.

TRAFOD

• Sicrwydd iachawdwriaeth Duw yw sail ein hyder ac nid amlder ein cynlluniau ni.

• A yw cofio ddoe yn fendith i ni allu wynebu'r yfory a gweithredu heddiw?

• "Gwrando", "Deffro", "Ewch" yw patrwm ein gweithredu fel Cristnogion bob amser.

• Myfyriwch ar emyn D E Williams, "Cofiwn am y dewr arloeswyr... (Emyn 842, *Caneuon Ffydd*).

10. Adnabod Duw – Y Gwas Dioddefus
Eseia 52:13- 53.

CRYNHOI
Gogoniant Trwy Ddioddefaint (52:13-15).
Dyma'r hiraf o ganeuon y Gwas a'r mwyaf manwl ei disgrifiad o'i weinidogaeth. Gwelir yma nad Israel na Cyrus yw'r Gwas mewn gwirionedd am na allant hwy gyflawni yr hyn y bydd hwn yn ei wneud. O ddyddiau cynnar esboniadaeth Iddewig a Christnogol deallwyd mai'r Gwas oedd y Meseia – Eneiniog Duw. O ogoneddu'r Gwas fe dry y negesydd i ddisgrifio ei ddarostyngiad (adn. 14). Disgrifir darostyngiad a chywilydd Israel yn gyntaf ac yna darostyngiad y Gwas. Mor llwyr yw ei ddarostyngiad nes bod pobloedd a brenhinoedd yn rhyfeddu.

(Mae rhai yn cymryd y gair Hebraeg yn adn. 15 i olygu "taenellu" – "bydd yn taenellu cenhedloedd lawer". Yn sicr, mae'r syniad yn un sy'n parhau y cyfeiriad at fendith Duw ar yr holl genhedloedd, ond gwrthod yr esboniad a'r cyfieithiad y mae'r BCN).

Egyr pennod 53 gyda pharhad o'r un rhyfeddod. Gwrthod credu fu hanes Israel er gwaetha'r ffaith fod "braich yr Arglwydd" wedi ei datguddio. Cymhwysodd Iesu y geiriau at anghrediniaeth Iddewon ei gyfnod yntau (Ioan 12:38). Gwelodd Ioan yn ei Efengyl gyfeiriad at godi a dyrchafu Iesu Grist yn y geiriau hyn (Ioan 12:41). Disgrifir y Gwas yn y fan hon fel blaguryn bregus yn codi o dir sych - tebyg i chwyn sy'n tyfu mewn tir anhygyrch heb ddim yn ddeniadol ynddo. Cymaint yw ei hagrwch fel nad oedd unrhyw un am ei arddel (adn.3).

Yr esboniad am gyflwr y Gwas yn ôl y proffwyd yw ei fod yn dioddef nid er ei fwyn ei hun ond er mwyn ei bobl. Pwrpas Duw sy'n cael ei gyflawni yn hyn. Dywedir yn adn. 4 ei fod wedi cymryd arno ei hun ein baich a'n doluriau ni – y ddwy ferf yn awgrymu cario baich euogrwydd a chosb. Eglurir ymhellach yn adn.5 fod natur ei gosb yn dod oddi wrth Dduw. Nid yn unig y mae'n rhannu ein poenau a'n beichiau ond mae'n dioddef yn ein lle hefyd. Y rheswm am ei archolli yw ein pechodau ni a thrwy ei glwyfau ef y cawn ninnau gymod â Duw.

Mae'r adran hon yn gwrthgyferbynnu "Ef" a "ni". Ef a glwyfwyd ac a ddinistriwyd ac a gleisiwyd dros ein troseddau er mwyn ein heddwch a'n hiachâd ni. Ceir adlais o'r darn hwn yn 1 Pedr 2:21-25 lle cyfeirir at y Crist dibechod yn dioddef drosom. O hyn ymlaen yn y broffwydoliaeth hon defnyddir y trydydd person.

Parhau i ddisgrifio'r creulondeb a ddioddefodd y Gwas trwy law dynion a wna'r proffwyd yn adn. 7-9

Yn adn. 10-12 disgrifir llwyddiant gogoneddus ei weinidogaeth. Rhan o bwrpas tragwyddol Duw oedd ei ddioddefaint a'i ogoneddiad. Nid yw'r Arglwydd yn fodlon gyda gwaed anifeiliaid, ond mae'n derbyn aberth ei Was. Ffrwyth llafur y Gwas, er ei fod yn ddibechod, oedd dwyn camweddau eraill ac eiriol drostynt. Fe saif yn ein lle ni.

CYMHWYSO
Nid yn ddiachos y gwelodd yr Eglwys Fore a Christnogion o bob oes gyfrwng i ddisgrifio bywyd a gweinidogaeth yr Arglwydd Iesu Grist yn y geiriau cyfarwydd hyn. Defnyddir hwy i esbonio natur gwaredigaeth Iesu dros bechaduriaid. Pam y daeth i'r byd a beth a gyflawnodd er ein mwyn.

Ffolineb yw gwadu nad oedd gan y proffwyd (fel y Salmydd – Salm 22) weledigaeth o natur a phwrpas dioddefaint y Meseia. Yr un Duw, wedi'r cwbl, sydd yn cyflawni ei bwrpas mawr. Dyma esbonio pam fod proffwydoliaeth Eseia mor annwyl gan Gristnogion a dyma egluro hanfod proffwydoliaeth mewn gwirionedd. Os gwrthodwn y syniad fod proffwyd yn rhagfynegi, yr ydym hefyd yn gwadu fod Duw yn Arglwydd sofran dros ei fyd.

TRAFOD
• Pam fod ffordd y groes mor ganolog i weinidogaeth y Meseia?

• Nodwch rhai o'r gwahaniaethau pwysig rhwng y Gân hon a Chân gyntaf y Gwas (42:1).

• Beth a ddysgwn am amcanion Duw o'r darn hwn?

11. Adnabod Duw – y Cyfamod
Eseia 55

CRYNHOI

Yn y bennod flaenorol (54) ac yn y bennod hon mae Eseia yn atgoffa'r genedl o ffyddlondeb cariad Duw tuag atynt yn ei gyfamod â Dafydd (2 Samuel 7). "...ond ni chymeraf fy nhrugaredd oddi wrtho ... Sicrheir dy deulu a'th deyrnas am byth o'm blaen; erys dy orsedd yn gadarn hyd byth ('*ad 'ôlâm*')" (2 Sam. 7:15,16).

Y mae'r her yn amlwg i'r alltudion yn y geiriau hyn. Dichon fod llawer ohonynt wedi ymgyfoethogi yn eu caethiwed ac yn byw bywyd gweddol fras ac yn mwynhau cysuron materol ym Mabilon. Ond cysuron byrhoedlog yw'r rhieni o'u cymharu â mawredd yr etifeddiaeth sydd gan Dduw ar eu cyfer. Bydd bendith newydd yn dod i'r holl ddynoliaeth o gyfamod Duw â Dafydd (a'i fab, y Meseia) – dyma yw tystiolaeth Dafydd. Y mae cenhadaeth Israel a Dafydd yn un ac yn golygu rhywbeth mwy o lawer nac estyn ffiniau'r ymerodraeth i gynnwys cenhedloedd eraill. Teyrnas ysbrydol yw hon ac oherwydd ei phrydferthwch bydd pobloedd yn dylifo ati.

Y mae i'r cyfamod addewid a rhybudd (adn. 6-7): bydd pob un sy'n ceisio'r Arglwydd yn ei gael ond hefyd mae'n rhaid edifarhau am ein pechodau. Rhaid ceisio'r Arglwydd, fodd bynnag, gyda'n holl galonnau (Jeremeia 29:13) ac edifarhau am ein drygioni sy'n golygu newid meddwl a chwyldro yn ein ffordd o fyw. Mae "meddwl" a "ffordd" yn ddau air allweddol yma ac yn yr adran sy'n dilyn. O ddychwelyd at yr Arglwydd gyda'n holl feddwl a'n gweithredoedd profir mawredd ei drugaredd a rhyfeddod ei faddeuant.

Mynegir "meddwl" a "ffordd" mewn dull cwbl wahanol yn adn. 8 ymlaen am eu bod yn cyfeirio at Dduw. Nid yw dyn yn deall rhyfeddod trugaredd a dyfnder maddeuant Duw. Y mae ei gyfamod mor gadarn a sicr a'r eira a'r glaw yn dyfrhau'r ddaear ac yn dod â ffrwythlondeb yn eu sgîl. Cyflwynir yma y syniad o air Duw fel rhywbeth cwbl ddibynadwy am ei fod yn dragwyddol wir. Bydd adferiad Israel i'w gwlad eu hunain yn dod â gogoniant i'r Arglwydd a bendithion dirifedi i'w bobl. Bydd hyn yn arwydd tragwyddol nas anghofir byth! Gyda'r geiriau hyn adleisir y cyfamod tragwyddol sy'n cael ei adnewyddu yn gyson (i Adda, Noa, Abraham, Dafydd ayyb.) nes dod i'w gyflawniad yn nyfodiad y Meseia ei hun.

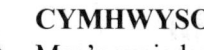
CYMHWYSO

Mae'r syniad am gyfamod yn un cyfoethog trwy'r Beibl i gyd ac yn un sy'n rhoi undod ac unoliaeth i neges yr Ysgrythur. O Genesis i Datguddiad tystiolaethir i waith Duw yn cyflawni ei fwriad o sefydlu cyfamod (*berith*). Nid cytundeb gan ddau gyfartal yw hanfod y syniad Beiblaidd am gyfamod ond cynnig haelionus Duw ar y naill ochr a dynoliaeth hollol ddiymadferth ac analluog i achub ei hun ar yr ochr arall. Gras Duw tuag at yr anhaeddiannol (*Chesedd*) yw sylfaen y cyfamod a'r cyfan y gall dyn ei wneud yw ei dderbyn gyda diolchgarwch a llawenydd.

Gyda dyfodiad Iesu Grist mae Duw yn cadarnhau ei gyfamod tragwyddol gyda'i bobl, ond bellach mae'r cyfan yn troi o amgylch ei Fab ef ei hun. Trwy dderbyn Iesu derbyniwn holl freintiau y cyfamod gras a phrofwn fawredd trugaredd a maddeuant Duw.

Arfer diwinyddion yw cadarnhau mai un cyfamod sydd ond bod dwy wedd ar ei weithredu: un yn dod trwy gyfrwng Israel a'i chyfundrefn o aberthau a'r llall yn dod trwy gyfrwng yr Eglwys gyda Christ yn Gyfryngwr iddo. Ond yn ei hanfod yr Un Duw yw Tad y Cyfamod a sylfaenwyd y cyfan ar ras.

TRAFOD

- Mae'r dewis i'r eglwys yn amlwg, bodloni ar fateroliaeth a ffyniant materol neu ceisio teyrnas Dduw.

- Beth yw ystyr edifeirwch?

- *Chesedd* neu trugaredd a ffyddlondeb Duw i'w gyfamod yw un o eiriau mawr yr HD. Mae'n pwysleisio bod yr iachawdwriaeth fawr yn dibynnu nid ar anwadalwch dynion ond ar sicrwydd a chadernid ffyddlondeb cariad Duw yn ei gyfamod.

12. Adnabod Duw – y Brenin
Eseia 56:1-8

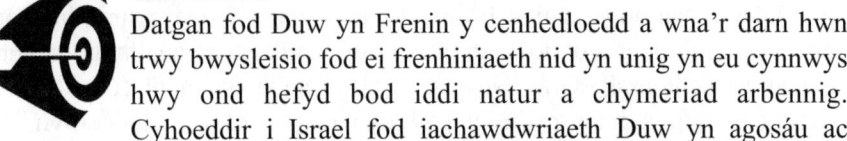
CRYNHOI
Datgan fod Duw yn Frenin y cenhedloedd a wna'r darn hwn trwy bwysleisio fod ei frenhiniaeth nid yn unig yn eu cynnwys hwy ond hefyd bod iddi natur a chymeriad arbennig.
  Cyhoeddir i Israel fod iachawdwriaeth Duw yn agosáu ac oherwydd hynny rhaid iddynt barchu cyfiawnder a barn (dau air cyfoethog arall). Maent i wneud hynny oherwydd nid yn unig dyma yw cymeriad ei Duw, ond hefyd mae ei goncwest ar fin dod. Bydd bendith yn dod ar y sawl sy'n gwneud hyn ac yn arbennig yn cadw Saboth yr Arglwydd heb ei halogi. Rhan allweddol o gadw'r cyfamod oedd cadw'r Saboth. Y mae wedi ei neilltuo i'r Arglwydd. Am fod yr Arglwydd yn sanctaidd mae y dydd hwn hefyd yn sanctaidd.

Mae'r gwahoddiad i bawb, gan gynnwys y dieithryn a'r eunuch, i ymuno yn yr addoliad yn golygu bod amgylchiadau newydd wedi gwawrio ar bobl Dduw. Yr oedd y dieithriaid i dderbyn croeso yn ôl y Gyfraith, ond yn awr, mae'r rhai ohonynt sy'n dymuno addoli i'w derbyn a'u croesawu at allor yr Arglwydd. Yr oedd yr eunuchiaid wedi eu neilltuo i wasanaethu'r llysoedd yn wreiddiol ac yn cael eu ysbaddu. Yn yr amgylchiadau newydd, bellach, mae'r gwaharddiad arnynt i fynychu cynulleidfa'r Arglwydd yn cael ei ddileu (Deut. 23:2) oherwydd mae croeso i'r rhai sydd a nam corfforol hefyd i ddynesu at yr Arglwydd. Y newid mawr yn yr amgylchiadau yn awr yw mai mater i'r unigolyn yw glynu wrth yr Arglwydd ac nid mater o fod yn perthyn i genedl arbennig. Dyma neges radical yn wir!

Mae'r cyfeiriad at gofgolofn yn mynd yn ôl at Absolom yn 2 Samuel 18:18 yml. Yr oedd ef yn ddiblant ac yn yr amgylchiadau hynny yn gangen ddiffrwyth – rhywbeth nad oedd o werth i genedl a gredai mai trwy gael eich geni ynddi y gellid perthyn iddi. Yn awr, mae'r darlun yn chwyldroadol o newydd gyda'r dieithryn a'r eunuch yn etifeddu'r addewid ac ar lawer cyfrif yn well plant i Dduw na'r rhai oedd yn cyfri eu hunain yn blant iddo. Mae yma berthynas newydd â Duw yn cael ei rhagweld, un a ddaw i'w chyflawnder yn y TN. Cymdeithas a chymundeb â Duw nid ar sail hil neu waed, ond ar sail cyfiawnder a barn.

Tŷ Gweddi i'r holl genhedloedd y gelwir teml yr Arglwydd. Dyma'r geiriau a ddyfynnodd Iesu wrth lanhau'r deml. Arwydd clir a phendant fod yr addewid yn y geiriau hyn yn cael ei chyflawni.

CYMHWYSO

Teyrnas ryfeddol yw Teyrnas Dduw. Mae argoelion o'i frenhiniaeth yn cael eu cyflwyno mewn geiriau ysgytwol yn y bennod hon. Yn wir, gwnaeth yr Arglwydd rywbeth newydd! Go brin i'r Iddewon sylweddoli'r amgylchiadau chwyldroadol o newydd a ragdybir yn y geiriau hyn. Symudodd y pwyslais o waed a hil i ymrwymiad a ffyddlondeb yr unigolyn.

Bu'r Eglwys yn y TN yn araf iawn yn gweld arwyddocâd y geiriau hyn hyd yn oed pan dywalltwyd yr Ysbryd ar genedl-ddynion. Onid oes rhywbeth arwyddocaol i ninnau yn y ffaith nad oes hawl gennym i gau allan o gymundeb â Duw unrhyw un sydd â nam corfforol arnynt neu'r dieithryn yn ein plith.

TRAFOD

• A ydym fel Israel yn parhau i gau allan y rhai sydd a nam corfforol neu yn ddieithriaid yn ein plith?

• Mae Addoli Duw yn iawn yn golygu hefyd gweithredu cyfiawnder a barn. Rhan o'n tristwch heddiw yw ein bod wedi gwahanu ein bywyd addolgar oddi wrth ein bywydau bob dydd.

• A ydym yn byw bob dydd yn yr ymwybyddiaeth fod ein holl fywyd o dan Arglwyddiaeth Duw?

13. Adnabod Duw – Tad, Iesu Grist
Mathew 11:25-30

CRYNHOI

Dyma ddarn sy'n dangos natur y berthynas unigryw rhwng Iesu Grist a Duw y Tad ac yn uchafbwynt hunan-ddatguddiad Iesu ohono'i hun yn yr Efengylau Cyfolwg (Mathew, Marc, Luc). Noda'r Iesu bedair cyfatebiaeth rhyngddo'i hun fel Mab Duw a Duw y Tad:

- Maent yn rhannu yr un wybodaeth neu adnabyddiaeth. Mae'r geiriau "Nid oes neb..." yn pwysleisio natur cwbl unigryw y berthynas hon. Nid wedi dysgu bod yn Fab neu'n Feseia y mae Iesu ond rhywbeth yn mae'n ei wybod oherwydd ei dduwdod. Y mae'r naill yn adnabod y llall mewn modd cwbl unigryw oherwydd eu bod yn Dad a Mab. Nid yw hynny'n gwadu'r ffaith mai eiddo'r Tad y flaenoriaeth yn y berthynas hon.

- Ar sail y berthynas hon y Mab yn unig sy'n abl i ddatguddio'r Tad a'i bwrpas achubol i ddynolryw. Dyma'r pethau a guddiwyd oddi wrth y "doethion" (hynny yw, "yr arbenigwyr ysbrydol") a'u datguddio i "fabanod" (pobl fel Seimon Pedr ac debyg). Iesu Grist ei hun, felly, yw'r cyfrwng unigryw i ddod i adnabod Duw y Tad.

- Maent yn rhannu yr un Arglwyddiaeth. "Yr wyf yn dy foliannu di, Arglwydd nef a daear..." meddai Iesu ac yna ychwanega, "Traddodwyd i mi bob peth gan fy Nhad..." Ar ddiwedd yr Efengyl hon dywed Iesu, "Rhoddwyd i mi bob awdurdod yn y nef ac ar y ddaear."

- Ar sail hyn dysgwn bod y Tad a'r Mab yn gweinyddu'r arglwyddiaeth hon mewn modd cydradd. "Felly, y rhyngodd dy fodd di," meddai Iesu, gan ychwanegu ei fod ef ei hun yn datguddio'r Tad i bwy bynnag "y mae'r Mab yn dewis ei ddatguddio iddynt."

Oherwydd y berthynas unigryw hon, at Iesu y deuwn am orffwystra. Ef yw'r un sydd wedi etifeddu holl nodweddion Duw y Cysurwr y soniwyd amdano yng ngweledigaeth Eseia. Gwahoddir pawb i ddod at Iesu am fod ei faich ef yn wahanol i feichiau trymion traddodiad yr ysgrifenyddion. Mae cyfatebiaeth gyfoethog rhwng Eseia 45:22 "Chwi, holl gyrrau'r ddaear, edrychwch ataf i'ch gwaredu" a geiriau Iesu, "Dewch ataf fi..." (adn. 28).

CYMHWYSO

Ni cheir yn unman yn y TN fynegiant llawnach o gydraddoldeb personau'r duwdod, na gwell disgrifiad o'r modd mae'r Tad a'r Mab yn meddiannu yr un wybodaeth ac arglwyddiaeth wrth weithredu'r iachawdwriaeth fawr. Y mae adnabyddiaeth y Tad a'r Mab yn gwbl unigryw, a'r ffaith hon sy'n gwneud Iesu yn hollol wahanol i bob dyn arall. Wrth gwrs ei fod yn ddyn, ond mae ganddo wybodaeth o'r Tad na allai ond duwdod ei feddiannu. Hyn sy'n ei wneud yn unigryw. Y mae pwysigrwydd y ffaith hon yn amlwg:

- Dim ond duwdod all ddatguddio duwdod. Dim ond un sydd yn ei hanfod yn Dduw all ddatguddio Duw. Dyma'n union mae Efengyl Ioan yn pwysleisio: "Nid oes neb (meidrolyn) wedi gweld Duw erioed; yr unig Un (neu yr unig Fab), ac yntau'n Dduw, yr hwn sydd ym mynwes y Tad, hwnnw a'i gwnaeth yn hysbys" (Ioan 1:18).

- Dim ond duwdod all gyfryngu iachawdwriaeth i ddynion. Mae'r iachawdwriaeth fawr yn gadarn a sicr am ei bod yn gorffwys a'r Dduw ac nid ar waith dynion. Mae perthynas y Tad a'r Mab yn hanfodol i gynnal ein gwaredigaeth oddi wrth ein pechodau.

- Dim ond trwy ddod at Iesu y gwelwn Dduw ac y profwn ei Waredigaeth.

TRAFOD

- Beth a ddysgwn am Dduw o ddeall natur y berthynas hon rhwng y Tad a'r Mab?

- Ym mha fodd mae Iesu Grist yn unigryw?

- Meddai un gweinidog adnabyddus ar raglen deledu yn ddiweddar: "Rwy'n credu yn nwyfoldeb Crist i'r graddau y mae pob dyn arall yn ddwyfol." Ym mha fodd y mae'r geiriau hyn yn gwahaniaethu oddi wrth dystiolaeth Iesu amdano'i hun yn yr adran hon?

14. Adnabod Duw – Tad y Deyrnas
Mathew 4:12-17;23-25.

CRYNHOI
Ystyrir Mathew y mwyaf Iddewig o'r pedwar Efengylydd ac yn sicr gwelir hynny yn ei bortread o Iesu fel rhyw Foses newydd yn cyflwyno ei ddysgeidiaeth. Yn ogystal, cyflwynir Iesu fel cyflawnwr proffwydoliaeth. Amdano ef yr oedd Eseia a'r proffwydi eraill yn sôn pan oeddent yn cyhoeddi dyfodiad y Meseia. Iesu oedd cyflawnwr y Gyfraith a'r Proffwydi.

Thema ganolog pregethu Iesu oedd Teyrnas Dduw neu fel y myn Mathew ei galw, Teyrnas Nefoedd – ffaith sy'n awgrymu ei fod yn anelu ei efengyl at gynulleidfa Hebreig. Cred gweddol gyffredin ym mysg yr Iddewon yr adeg honno oedd y byddai Duw yn ymyrryd ym mywyd y byd er mwyn sefydlu ei deyrnas o heddwch a chyfiawnder gan eu rhyddhau hwythau o hualau caethiwed a gorthrwm.

Cyhoeddodd Iesu fod y weithred fawr hon o eiddo Duw wedi dod – yn wir, yr oedd yn weithredol yn ei fywyd a'i weinidogaeth ef ei hun. Trafodwn ystyr yr ymadrodd yn llawnach yn nes ymlaen. Digon yw nodi yma mai ei hanfod yw llywodraeth sofran Duw dros ei fyd. Nid teyrnasu dros ddarn o dir yn benodol, fel y credai'r Iddew, ond ymestyn ei lywodraeth dros y byd i gyd. Dyma'r peth syfrdanol o newydd oedd yn nysgeidiaeth Iesu ac roedd Eseia wedi ei ragweld ganrifoedd ynghynt.

Dehonglodd Iesu ei weinidogaeth yn nhermau Gwas yr Arglwydd y soniwyd amdano eisoes. Yn ei Berson ac yn ei Waith ef cyflawnir y Deyrnas. Ef yw Brenin y Deyrnas wedi dod i'w sefydlu ar y ddaear – yn arbennig yng nghalonnau a meddyliau ei bobl. Dim ond un ymateb posibl sydd i'w ddyfodiad, "Edifarhewch a chredwch yr efengyl."

Ystyr hanfodol edifeirwch yw "newid meddwl" – newid mor chwyldroadol nes ei fod yn newid cyfeiriad bywyd yn gyfan gwbl. Mae'n golygu mwy na dim ond teimlo'n ddrwg am ein pechodau am ei fod yn cynnwys hefyd troi oddi wrth y byd drwg tuag at Dduw.

Yr unig ffordd i ddod i'r Deyrnas yw ymateb i alwad Crist, fel y gwnaeth y disgyblion cyntaf. Gadael popeth a'i ganlyn ef.

CYMHWYSO

Rhaid i'r eglwys gyhoeddi neges fawr dyfodiad y Deyrnas ym mherson Iesu Grist a galw ar bob un i edifarhau a chredu ynddo. Gwna hynny trwy esiampl bywyd ei haelodau, wrth gwrs, (cawn drafod hynny eto), ond yn ei hanfod cyhoeddi i'r byd y neges fawr hon yw prif alwad yr eglwys. Datgan neges Iesu Grist yw ei phriod waith mewn amser ac allan o amser, pan mae'n gyfleus neu'n anghyfleus iddi.

Ceisiodd rhai yn y gorffennol uniaethu'r Deyrnas hon â rhaglen wleidyddol benodol, fel comiwnyddiaeth neu gyfalafiaeth. Y mae rhybudd Iesu yn ddigon clir, "Nid yw fy nheyrnas i o'r byd hwn..." (Ioan 18:36).

TRAFOD

• "Ceisiwch yn gyntaf, deyrnas Dduw..." I ba raddau yr ydym yn ffyddlon i'r alwad hon fel eglwysi?

• "Y mae wedi galw ei bobl allan o'r byd er mwyn eu hanfon yn ôl i'r byd i fod yn weision ac yn dystion iddo i'r diben o ledaenu ei deyrnas, adeiladu ei eglwys a gogoneddu ei enw. Cyffeswn gyda chywilydd i ni fethu yn ein galwad ac yn ein cenhadaeth trwy gydymffurfio â'r byd neu trwy ymneilltuo o'r byd"(Cyfamod Lausanne). I ba raddau y cytunwch ein bod wedi cydymffurfio â byd ac anghofio ein priod dasg?

• Trwy uniaethu Teyrnas Dduw gyda rhaglen wleidyddol arbennig neu ideoleg i ba raddau yr ydym wedi cefnu ar Frenin y Deyrnas?

• Nodwch enghreifftiau o Gristnogion diweddar sydd yn eich barn chwi wedi "gadael popeth a'i ganlyn ef."

15. Adnabod Iesu – Ei Ddysgeidiaeth (1)
Mathew 5:17-20

CRYNHOI
Trefnodd Mathew ei Efengyl o amgylch pump o Ymddiddanion mawr Iesu gan osod darnau perthnasol o'i hanes rhyngddynt. Ar ryw ystyr pump o bregethau ydynt. Daw pob adran i ben gyda'r ymadrodd "Pan orffennodd Iesu lefaru'r geiriau hyn..." (gweler 7:28;11:1; 13:53; 19:1; 26:1). Y mae un thema'n cysylltu'r pregethau ynghyd: dyfodiad y Deyrnas. Dyma'r cefndir allweddol i ddeall yr hyn a ddywed Iesu am ymarweddiad y Cristion ar faterion fel: caru gelynion, rhoi elusen, gweddi, ymprydio, godineb, ysgariad, cyfoeth, goleuni, barnu eraill, ceisio a chael, pren a'i ffrwyth a'r ddwy sylfaen. Y mae dyfodiad y Deyrnas yn effeithio ar holl rychwant bywyd.

Nid rhestr ddigyswllt o ddywediadau sydd yma, ond disgrifiad o'r hyn yw bywyd y Deyrnas. Cyfrinach cyflawni'r gofynion hyn yw perthynas gyda Duw yn Iesu Grist. Heb y berthynas hon mae pob ymdrech i gadw'r gofynion hyn yn drech na'r gorau ohonom.

Geilw'r Deyrnas am gyfiawnder yn y galon yn wahanol i gyfiawnder yr Ysgrifenyddion a'r Phariseaid. Yr Ysgrifenyddion oedd ysgolheigion proffesiynol cyfraith yr HD a'r Phariseaid oedd y lleygwyr brwd hynny oedd yn ceisio cadw gyda phob manyldeb holl ofynion yr Ysgrifenyddion. Sylfaen eu cyfiawnder hwy oedd ufuddhau i holl ddehongliadau'r Ysgrifenyddion o'r Gyfraith Iddewig. Ar adegau yn hanes Israel yr oedd ufudd-dod i Gyfraith yr Arglwydd yn gyfrwng adfywiad crefyddol, ond yn amlach na pheidio, yr oedd yn ufudd-dod ffurfiol a marwaidd.

Dichon i'r Phariseaid a'r Ysgrifenyddion gyhuddo Iesu o anwybyddu'r Gyfraith Iddewig, ond etyb ef yn eglur mai dod i gyflawni'r Gyfraith a'r Proffwydi a wnaeth ef. Daeth Rhoddwr y Gyfraith ei hun o dan y Gyfraith. Nid deddf newydd yn disodli'r hen sydd ganddo – yn wir, bydd manylion lleiaf y Gyfraith yn aros.

CYMHWYSO
Mae ystyr arall i gyflawni, sef dod â rhywbeth i'w uchafbwynt neu i'w nod terfynol. Y mae'r Gyfraith a'r Proffwydi yn aros hyd Ioan Fedyddiwr; wedi hynny daw oes y Meseia, medd Iesu

(Math. 11:13). Yn yr oes honno crëir perthynas newydd rhwng Duw a dynion nid ar sail cyfraith ond ar sail Person Iesu ei hun a'r Deyrnas. Dyma esbonio'r dywediadau hynny, "clywsoch ddywedyd, eithr yr wyf fi yn dweud..." Ar sail awdurdod ei Berson ef ei hun mae Iesu'n gwrthod dehongliad yr Ysgrifenyddion o'r Gyfraith a ystyriwyd yn rhan o'r Gyfraith ei hun. Diddymodd Iesu y rhannau seremonïol o'r Gyfraith oedd yn pwysleisio purdeb allanol gan fynnu fod ei ddisgyblion ef i feddiannu cyfiawnder yn y galon. Mae gwir ddisgyblion y Deyrnas yn cadw gofynion y Gyfraith o wirfodd calon ac nid o orfodaeth ffurfiol. Y mae eu ffydd a'u bywyd yn un.

Y mae cadw gofynion y Gyfraith yn eu gwedd foesol yn rhan o ddyletswydd y Cristion yn ei fywyd. Ond beichiau trymion i'w cario ydynt onid ydym yn adnabod Duw yn Iesu Grist. Oherwydd ei fod yn caru ei Arglwydd mae'r Cristion yn ufuddhau iddo yn ewyllysgar.

Nid oes rhan o'i fywyd nad yw Cyfraith yr Arglwydd yn effeithio arni, oherwydd bod Crist yn Arglwydd bywyd yn ei gyfanrwydd.

Mae'n amlwg o'r geiriau hyn fod Iesu yn ystyried yr HD yn Air ysbrydoledig Duw a'r Gyfraith yn rhodd ddwyfol i fod yn safon i fywyd i gyd.

TRAFOD

• I ba raddau mae'r Gyfraith Iddewig yn rhwymo'r Cristion hefyd?

• Beth yw ystyr yr ymadrodd "cyflawni'r gyfraith" ar wefusau Iesu?

• Ystyriai Iesu yr HD yn Air ysbrydoledig Duw a phob manylyn lleiaf yn wir. A ydym ni yn barod i ddweud fod Arglwydd y Gair yn anghywir yn hyn?

• Adnabod Duw yn y galon yw'r allwedd i gadw ei eiriau? (Ioan 15:10).

• Y bygythiad mwyaf i fywyd moesol y Cristion yw rhagrith – credu un peth, ond gwneud rhywbeth gwahanol. Dyna'r ddeuoliaeth ddinistriol trwy'r TN.

16. Adnabod Iesu – Ei Ddysgeidiaeth (2)
Mathew 5: 43-48

CRYNHOI
Dyma goron y dywediadau am gyflawni'r Gyfraith. Y tro hwn canolbwyntio ar y gwrthgyferbyniad rhwng cyfiawnder y Gyfraith a chyfiawnder y Deyrnas a wna Iesu. Crynhoi'r cyfiawnder y Deyrnas i un gair, cariad.

Cadarnheir awdurdod Iesu yn y geiriau agoriadol adn. 44 "Ond yr **wyf fi** yn dweud." Nid oes amheuaeth fod Iesu yn hawlio awdurdod terfynol i'w air ef – awdurdod sy'n cyfateb i awdurdod yr HD.

"Câr dy gymydog" yw cynnwys y Gyfraith (Lef. 19:18) ac ni cheir yn unman yn yr HD y geiriau "casâ dy elyn." Yr hyn a geir yn yr HD yw'r dehongliad mai y cyd-Iddew yn unig yw'r cymydog a bod pawb sydd y tu allan i'r cylch hwnnw felly yn "elynion." Ond mae Iesu yn diffinio'r cymydog fel un sydd y tu hwnt i gorlan Israel – y mae'n cynnwys y cenedl-ddynion hefyd. Yn hyn o beth mae ef yn mynd ymhellach na'r HD.

Dyma ddysgeidiaeth drawiadol ac unigryw Iesu. Ni ellir gorchfygu casineb gyda chasineb, dim mwy na ellir diffodd tân gyda thân. Gorchfygir casineb trwy gariad. Trwy dywallt dŵr arno y diffoddir y tân.

I gadarnhau y dehongliad hwn ceir eglureb o fyd natur a nifer o gwestiynau rhethregol. Y mae Duw yn peri i'r haul godi ar y drwg a'r da yn ddiwahân oherwydd mawredd ei gariad a'i amynedd. Felly'n union y dylai ei blant garu y rhai sy'n eu casáu.

Pa rinwedd sydd mewn caru (yn unig) y rhai sy'n ein caru ni? Yr oedd hyd yn oed y casglwyr trethi, sef y bobl a gasglai drethi i'r gormeswyr Rhufeinig, yn gallu gwneud cymaint â hynny.

Y cymhelliad i hyn oll yw'r hyn a geir yn yr adnod 48: "byddwch chwi'n berffaith fel y mae eich Tad nefol yn berffaith." Yr *imitatio Dei* yw'r nod bob amser. Beth yw ystyr 'perffaith'? Gall olygu 'di-fefl', 'diwahân', neu 'cyfan'. Mae cariad o'r fath yn dod â chyfanrwydd i fywyd. Os yw bywyd yn gyfan nid yw'n ddiffygiol mewn unrhyw beth. Ufudd-dod i Iesu yw ystyr cariad perffaith.

CYMHWYSO

"Ffordd y diafol yw talu drwg am dda: ffordd dyn yw talu da am dda: ffordd Duw yw talu da am ddrwg" (A M Hunter). Rhyfeddod gras Duw yw ei fod yn rhoi yn hael heb ddisgwyl dim yn ôl. Yr unig ymateb i'r fath haelioni yw diolchgarwch. Ffordd y Cristion o ddiolch i'w Arglwydd yw cyflawni gweithredoedd sy'n gydnaws â natur Duw ei hun. Ufudd-dod i eiriau Iesu ("Rwyf fi yn dweud wrthych") fel yr Arglwydd y mae ei Air yn derfynol ac yn syfrdanol o newydd yw amod derbyniad i Deyrnas nefoedd.

TRAFOD

- Pa mor ymarferol yw caru gelyn mewn gwirionedd? A yw'r nod o garu gelyn y tu hwnt i allu dyn?

- Yn ei nerth ei hun a all dyn gyflawni'r gofynion hyn?

- "Yr oedd barn Iesu am ddynion yn rhy ddyrchafedig" meddai Uchel Chwilyswr Dostoevsky, neu a oes yma nod y gellir ceisio ymgyrraedd ato?

17. Adnabod Iesu – Ei Ddysgeidiaeth (3)
Mathew 6:5-13

CRYNHOI

Cyfiawnder sy'n seiliedig ar berthynas dyn gyda Dduw yw cyfiawnder y Deyrnas. Cyfiawnder ffug yw hwnnw sy'n gwneud sioe o gyflawni dyletswydd crefyddol ger bron y byd – boed hynny yn fater o roi elusen neu o weddïo. Nid mater o sioe yw gwir dduwioldeb. Fel y gwelwyd uchod, mae rhagrith yn fygythiad bob amser, hyd yn oed yn ein perthynas â Duw. Dim ond y rhai mae eu cymhellion yn bur nac yn malio am yr hyn a ddywed pobl eraill amdanynt, ond sydd a'u bryd ar wneud yr hyn sy'n iawn yng ngolwg y nefoedd y mae Duw yn eu gwobrwyo. "...Oblegid nid yr hyn a wêl meidrolyn y mae Duw yn ei weld. Yr hyn sydd yn y golwg a wêl meidrolyn, ond y mae'r Arglwydd yn gweld beth sydd yn y galon" (1 Samuel 16:7).

Dyma'r cefndir hanfodol i ddeall natur dysgeidiaeth Iesu ar weddi yn y darn hwn. Nid condemnio gweddi gyhoeddus y mae, ond ymosod ar y rhai oedd yn gweddïo'n gyhoeddus dim ond er mwyn cael eu gweld gan eraill. Y maent wedi derbyn eu gwobr yn barod, sef clod ac anrhydedd dynion.

Y mae'r gwir ddisgybl yn gweddïo yn y dirgel – yn yr ystafell fewnol. Neilltuo i'r llefydd unig i weddïo a wnaeth Iesu. Un o ystyron awgrymog y gair am ystafell yw y 'storfa' neu'r 'pantri' lle cedwid y bwyd. Nid y galon fel y cyfryw yw'r stafell ddirgel hon, ond unrhyw le neu fan unig lle gall dyn ymdawelu a gweddïo ar Dduw. Nid oherwydd amlder geiriau na meithder y weddi bydd Duw yn gwrando ar ei blant.

Yr oedd disgwyl i Iddew da adrodd y deunaw bendithiadau deirgwaith y dydd, adrodd y *Shema'* ddwywaith, yn ogystal a mynegi bendithiadau cyn ac yn ystod ac wedi prydau bwyd. Nid yw Iesu o angenrheidrwydd yn condemnio'r arfer hwnnw, ond mae'n arwyddocaol fod ei weddïau ef yn gymharol fyr.

Yn ddiweddarach yn ei hanes ni chadwodd yr Eglwys Fore oriau gweddi y traddodiad Iddewig. Pwyslais Iesu yma yw fod y Tad Nefol yn gwybod anghenion ei blant cyn iddynt ofyn ganddo (gweler Eseia 65:24).

Mae Gweddi'r Arglwydd hefyd yn weddi cymharol fyr, ond mae'n cynnwys popeth hanfodol i wir weddi. Gweddi plentyn ar ei Dad sydd yma sy'n awgrymu perthynas agos. Sylwer hefyd mai gweddi'r teulu yw: nid "fy nhad" ond "ein Tad" a phan droi'r at y rhannau erfyniol pwysleisir nad breintiau unigol a phersonol yr ydym yn gofyn amdanynt ond yn gyffredin gofynnwn am "ein bara" ac yn y blaen.

Dechreuir trwy sancteiddio enw'r Tad nefol – dyna fan cychwyn pob gweddi. Wedyn deisyfir am ddyfodiad ei Deyrnas. Nid ddaw'r Deyrnas heb sancteiddio enw Duw yn gyntaf. Nid yw cyfarch Duw fel Tad yn gwbl unigryw i'r TN fel a dybiwyd gan rai ysgolheigion, er hynny mae grym i'r ddadl bod cyfarchiad Iesu yn hanfodol bwysig i'r disgyblion fel y dengys Paul (Rhufeiniaid 8:15,16). Y mae'n gyfarchiad sy'n awgrymu perthynas agos tad a phlentyn. Ffaith ddylai ein rhybuddio rhag credu mai ar dadolaeth cyffredinol Duw y mae'r pwyslais.

Yn y dyfodol bydd Teyrnas Dduw yn cael ei sefydlu pan fydd ewyllys Duw yn cael ei chyflawni ar y ddaear fel yn y nef.

Bara ar gyfer y diwrnod neu digon ar gyfer ein cynnal, a dim mwy, yw'r ystyr yma. Maddeuant hefyd i'n dyledion (= 'pechodau') gan mai dyma sydd yn y Groeg gwreiddiol. Mae dyled yn gyfystyr â phechod oherwydd bod pechod yn gwneud dyn yn ddyledwr i Dduw. Mae'r syniad hwn o faddeuant yn derbyn esboniad ychwanegol diddorol oherwydd i Fathew osod y dywediad a geir yn adn. 14,15 yn syth ar ôl Gweddi'r Arglwydd (cymh. Mc.11:25; Luc 17). Yr ergyd yw na ellir gweddïo'r weddi hon yn iawn heb yn gyntaf gymodi gyda brawd. Dyna yw amodau'r Deyrnas bob amser. D'oes dim lle i ragrith yn honno. Felly, dyma weddi i'w harfer gan eglwys mae ei haelodau wedi maddau i'w gilydd ac wedi eu cymodi yng nghariad Crist.

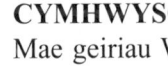

CYMHWYSO

Mae geiriau Walter Cardock, y Piwritan o Gymro, yn mynd i galon y mater: "Fe gewch rhai i siarad am ffurfiau addoli, a deddfu sut mae gweddïo ... Ond mae'r sawl sy'n caru Duw â hoffter sanctaidd yn gwybod y gall neidio i arffed ei Dad pryd y mynno a syrthio i'w freichiau a gofyn am unrhyw beth heb ffalsio na gwenieithio" (*Divine Drops Distilled*). Cariad angerddol Duw yn Iesu Grist yw sail ein dynesiad ato mewn gweddi – cariad sy'n troi gelynion yn gyfeillion, a chaethweision pechod yn feibion a chydetifeddion.

Mae gweddi hefyd yn storfa ddihysbydd o nerth a chynhaliaeth i'r Cristion - mor angenrheidiol ag yw anadlu i'r corff. Ar ei liniau trwy gydol y nos gyda'i Dduw y byddai Martin Luther yn cael buddugoliaeth ar frwydrau gyda'r

Diafol yn ystod y dydd.

Mae cymod gyda Duw yn rhagdybio cymod â brawd hefyd. Felly, mae gwir addoliad yn rhagdybio cymodi gyda brawd yn gyntaf os nad yw dyn yn rhagrithiwr. Gweler 5:23,24

TRAFOD
- Ai rhagrith yw'r bygythiad pennaf i wir addoliad? Pobl yn dweud un peth ond yn gwneud rhywbeth hollol wahanol.

- Pam fod gweddi'n allweddol bwysig i'r Cristion?

- Pa un sy'n dod gyntaf, cymod â brawd neu gweddi?

18. Adnabod Iesu – Ei Ddysgeidiaeth (4)
Mathew 6: 25-34

CRYNHOI

Dyma un o ddywediadau hyfrytaf Iesu. Ni ddylai'r Cristion boeni am bethau materol oherwydd amhosibl yw gwasanaethu Duw a Mamon (arian) yn ôl adn. 24, ond yn hytrach, dylai ymddiried yn llwyr yn rhagluniaeth Duw. Gwaetha'r modd, tuedd naturiol y cyfoethog a'r tlawd fel ei gilydd yw pryderu am feddiannau. Rhaid pwyso ar y Tad nefol a dysgu gwersi oddi wrth ei ofal am y greadigaeth.

Rhoddir tri rheswm am ffydd o'r fath: yn gyntaf, mae ffydd yn gwybod fod bywyd pawb yn llaw Duw, ac felly cwbl ofer yw pryderu. Gan fod yr adar a'r blodau yn llwyr ddibynnol ar ragluniaeth Duw ac yn analluog i greu dim at eu cynhaliaeth eu hunain, ni all meidrolion ychwaith er gwaethaf eu holl glyfrwch ychwanegu un funud at eu heinioes. Yn ail, mae darpariaeth hael Duw ar gyfer byd natur yn fynegiant o'i ofal mwy am feidrolion sy'n meddu bywyd tragwyddol. Yn drydydd, mae ffydd yn gwybod fod Duw yn deall ein anghenion cyn i ni eu mynegi iddo.

Prif amcan bywyd felly yw ceisio arglwyddiaeth lwyr Duw dros ein holl fywyd. Ei deyrnas ef, ei lywodraeth, yw'r flaenoriaeth i fod. Ond pobl wan eu ffydd yw disgyblion Iesu ar y gorau (Groeg: *oligopistoi* = bach neu ychydig + ffydd). Nid yw'r gair yn awgrymu absenoldeb ffydd, ond bod ffydd y disgyblion yn wan.

Trwy geisio Teyrnas Dduw (sylwer bod Mathew yn defnyddio'r ymadrodd hwn yma yn lle'r ymadrodd arferol "teyrnas nefoedd") yn gyntaf oll – hynny yw, rhoi'r flaenoriaeth mewn bywyd i arglwyddiaeth Duw dros ein bywydau, fe gwymp popeth arall i'w lle.

Y mae dau amseriad i'r Deyrnas yn nysgeidiaeth Iesu ym Mathew: mae'n perthyn yn llwyr i'r dyfodol, ond hefyd yn bresennol yn awr. Y ffordd arferol o esbonio'r tensiwn hwn yw pwysleisio mai yn y dyfodol y daw'r Deyrnas, ond gan fod Brenin y Deyrnas honno wedi ymddangos yn y byd mae hi eisoes ar waith yn awr.

Yr un modd, gellid dehongli cyfiawnder y Deyrnas yn nhermau y cyflawniad terfynol pan fydd y saint yn derbyn eu gwobr, ond gall olygu rhywbeth hefyd sydd ar waith yn awr. Fel y gwelsom ym 5:48 lle mae perffeithrwydd Duw yn safon i bob gweithredu, felly yma, mae cyfiawnder yn rhywbeth i'w geisio yn awr. Cyfiawnder yw'r drws cul sy'n arwain i Deyrnas Dduw.

CYMHWYSO

Mynegir ystyr y geiriau hyn yn glir gan Pedr "Bwriwch eich holl bryder arno ef, oherwydd y mae gofal ganddo amdanoch" (1 Pedr 5:7 a gwel. Rhufeiniaid 8:28). "Po fwyaf o feddiannau sydd gennym, mwyaf yw ein gofid" medd rabbi Hillel. Ond mae yr un mor wir, bod y rhai heb ddim hefyd yn gofidio. Felly, os yw digonedd yn peri pryder a rhy ychydig yn peri cyn gymaint o bryder, beth yw diben poeni am feddiannau? Ni all arian fwrw allan bob gofid. Yn wir, mae doctoriaid heddiw wedi dangos fod pwysau bywyd a gofidiau yn lleihau hyd bywydau pobl.

Mae gwir ffydd yn rhyddhau pobl oddi wrth ofidiau a phryderon am arian ac yn y blaen. Er y dylid cofio, nid yw hyn yn ein rhyddhau oddi wrth ein cyfrifoldeb i weithio ac ymdrechu. Pe rhedid yr economi ar yr un egwyddorion ag adar yr awyr a blodau'r maes fe chwalai'n chwilfriw. Yn hytrach, y gwirionedd sylfaenol yw fod ffydd yn cydnabod mai rhoddion Duw yw hyd yn oed ffrwythau ein hymdrech ni.

TRAFOD

- A yw cynghorion Iesu am ofal a phryder yn ymarferol mewn byd caled ffeithiau moel economeg?

- A yw'n gysur gwybod fod Duw yn gofalu amdanom yn fwy nag am adar a blodau?

- A oes modd mesur cryfder ffydd?

- Pam fod yr oes hon yn rhoi cymaint o bwyslais ar feddiannau?

19. Adnabod Iesu – Ei Ddamhegion(1)
Mathew 13:10-17

CRYNHOI
Yn y bennod hon ceir saith o ddamhegion adnabyddus Iesu am y Deyrnas. Gan fod bron bopeth sydd i'w ddweud am y damhegion hyn wedi ei ddweud yn barod, efallai mai buddiol fyddai edrych yn gyntaf ar bwrpas y damhegion. Dyma a geir yn yr adran fechan hon.

Beth yw dameg? Mae ysgolheigion Beiblaidd yn weddol gytun mai eglureb yn mynegi un gwirionedd sylfaenol yw dameg a dylid ei gwahaniaethu oddi wrth alegori. Stori ddychmygol gyda phob manylyn yn cario rhyw ystyr gudd yw alegori. Fe ellid dadlau bod dehongliad Iesu ei hun o ddameg yr heuwr yn ddehongliad alegorïaidd ac am y rheswm hwnnw myn rhai ysgolheigion nad yw'r dehongliad hwnnw yn perthyn i eiriau dilys Iesu. Ateb W. D. Davies a Dale Allison yn eu hesboniad yw nad oes angen bod mor sgeptigaidd am y geiriau hyn am eu bod yn gweddu i'r dim i bwrpas Iesu'n dysgu trwy ddamhegion.

Y cwestiwn mawr ym mhenodau 11 a 12 yw pam nad yw gweinidogaeth Iesu yn cael derbyniad ehangach a llawnach yn Israel? Pam y gwrthododd yr Iddewon fel cenedl gyfan neges Iesu? Egluro'r methiant hwn ar ran Israel yw pwrpas Mathew ym mhennod 13:1-23. Yr un yw amcan Paul yn Rhufeiniaid 9-11 ac y mae ateb y ddau yn debyg.

Mae'r rheswm yn gorwedd gyda Duw. "I chwi mae gwybod cyfrinachau teyrnas nefoedd wedi ei roi, ond iddynt hwy nis rhoddwyd." Rhodd Duw yw rhoi gwybod am gyfrinachau ei Deyrnas i bobl. Cyflwr arferol meidrolion yw anwybodaeth am Deyrnas nefoedd ac felly os daw rhywun i wybod amdano rhaid mai rhodd rasol Duw ydyw. Mynegir yr un pwynt yn 16:17 ("nid cig a gwaed a ddatguddiodd hyn i ti, ond fy Nhad sydd yn y nefoedd" gweler gwers isod). "Felly, oni bai a hyd nes y bydd Duw yn gorchfygu ewyllys dyn, llugoer fydd derbyniad yr efengyl ymhlith dynion" (Davies ac Allison). I'r rhai oddi allan, bydd popeth yn cael ei fynegi ar ddamhegion.

Felly, nid eglurebau bach syml i helpu'r diddeall ydynt, ond yn llaw Duw maent yn gyfrwng i ddallu ac i ddrysu rhai pobl rhag iddynt gredu. Dyma yn wir, yw ergyd y dyfyniad o broffwydoliaeth Eseia oedd yn ddarn pwysig yn yr Eglwys Fore. Mae meidrolion mor gaeth i bechod ac wedi eu dallu gan ddrygioni fel na allant droi a chredu heb i Dduw yn gyntaf symud eu dallineb. Heb unrhyw amheuaeth, dyn ei hun sy'n gyfrifol am y dallineb hwnnw, ond heb raslonrwydd Duw erys yng ngharchar pechod.

I'r disgyblion, fodd bynnag, y rhoddwyd rhyfeddod y gras i weld y dirgelion hyn y bu proffwydi (gan gynnwys Eseia) a dynion cyfiawn yn dymuno eu gweld ond ni chawsant.

CYMHWYSO

Nid straeon bach diniwed, eglur eu hamcan, yw'r damhegion yn ôl Iesu yn y fan hon. Maent yn gyfrwng i guddio'r neges oddi wrth rhai pobl a'i datguddio i eraill. Dyma wirionedd anodd iawn i'r dyn modern ei dderbyn gyda'i syniad fod gan ddyn yr hawl i ddewis fel hyn ac fel arall. Neges Iesu yma yw nad yw dyn mewn cyflwr i allu dewis am ei fod wedi ei ddallu gan ei bechod. Rhaid i Dduw agor ei glustiau a symud ei ddallineb cyn y daw i gredu.

Penderfyniad dyn oedd gwrthryfela yn erbyn Duw ac ef yn unig sy'n euog o bechod. Trasiedi yr oes hon yw fod anghrediniaeth dynion yn eu dallu ac yn eu rhwystro rhag troi at Dduw. Mawredd gras Duw yw ei fod yn gallu agor calonnau a meddyliau i dderbyn gwirionedd y neges fod Gwaredwr wedi dod i achub pechaduriaid.

TRAFOD

• Trafodwch bwrpas y damhegion yn ôl geiriau Iesu yma.

• Anghrediniaeth yr oes bresennol, yn enwedig yn y Gorllewin, sydd wrth wraidd y ffaith fod cymaint yn gwrthod yr efengyl.

• Ai gwaith Duw neu gwaith dyn yw symud dallineb yr oes hon?

20. Adnabod Iesu – Ei Ddamhegion (2)
Mathew 13:44-52

CRYNHOI
Daw'r adran hon i ben gyda thair dameg ynghyd â dywediad sy'n crisialu'r adnodau i gyd o 1-52.

Y trysor cudd yw'r ddameg gyntaf ac mae'n canoli ar y syniad o ddarganfod trysor cuddiedig mewn cae. Y trysor yw Teyrnas nefoedd – rhywbeth y byddai unrhyw un yn barod i werthu popeth er mwyn ei gael. Dyma ddysgu dau beth: gwerth amhrisiadwy Teyrnas nefoedd a'r rheidrwydd i wneud pob ymdrech i'w meddiannu.

Cyn dyddiau cistiau a blychau banciau yr oedd yn beth digon rhesymol i bobl guddio trysorau yn y ddaear. Mae'r ddameg yn rhagdybio'r hyn a soniwyd amdano eisoes yn y wers flaenorol, sef bod y Deyrnas yn guddiedig. Wedi darganfod y trysor mae'r person, yn gyntaf; yn cuddio'r peth gwerthfawr a mynd ymaith i brynu'r maes. Gwerthodd y cyfan oedd ganddo er mwyn prynu'r maes – dyna pa mor amhrisiadwy yw'r Deyrnas. Materion amherthnasol i bwynt y ddameg yw ei gyhuddo o weithredu'n anfoesol. Y pwynt yw ei fod wedi gweld gwerth y Deyrnas ac ni all unrhyw beth ei rwystro rhag ei meddiannu.

Yr un yw'r neges yn nameg y perl gwerthfawr. Yr oedd perlau yn cael eu hystyried yn bethau hynod o werthfawr yn yr hen fyd a hawdd deall gweithred y masnachwr yn gwerthu popeth oedd ganddo er mwyn meddiannu'r trysor. Gellid dweud mai Iesu ei hun yw'r perl gwerthfawr, ond yn y cyd-destun hwn gwell yw dweud mai Teyrnas nefoedd ydyw.

Newidir y darlun yn y drydedd ddameg i rwyd pysgota. Rhwyd a dynnwyd rhwng dwy gwch oedd hwn nes dod i'r lan. Casglwyd pob math o bysgod ac roedd yn rhaid eu gwahanu i wahanol lestri. Dyma ddarlun o sut y bydd hi yn niwedd amser pan fydd angylion Duw yn gwahanu'r cyfiawn oddi wrth yr anghyfiawn yn Nydd y Farn. Ceir adlais o ddamhegion eraill Iesu yn y ddameg hon – er enghraifft, dameg y efrau. Ni sonnir am gyflwr y cyfiawn, ond manylir ar dynged y drygionus.

Daw'r adran i ben gyda dywediad sy'n cadarnhau fod y disgyblion yn wir wedi deall pwrpas y damhegion a'u bod bellach yn ysgrifenyddion cymwys ar gyfer Teyrnas nefoedd. Mae'n bosibl mai'r hyn sydd ym meddwl Mathew yw fod y disgyblion yn awr yn ffurfio rhyw fath o ysgrifenyddiaeth newydd yng ngwasanaeth Teyrnas Dduw.

Ond beth a olygir gyda "pethau newydd a hen?" Daw'r "pethau" allan o'r drysorfa sy'n gallu golygu allan o galon dyn (gweler 12:35). Mae'n bosibl mai cyfeirio at ddysgeidiaeth Iesu y mae'r "pethau newydd" ac yng ngoleuni y rheini mae deall yr hen bellach.

CYMHWYSO

Tair dameg sy'n gyfrwng i egluro'r hyn a ddywedwyd yn y wers flaenorol a geir yma. Nid yw gweithredoedd y sawl a ddarganfu drysor mewn cae na gweithred y masnachwr yn gwneud unrhyw synnwyr i'r dyn naturiol. Y mae'r Deyrnas mor amhrisiadwy pan fo dyn wedi gweld a deall ei hamcan a'i harwyddocâd. Rhodd Duw ei hun yw'r gallu i ddirnad lle mae'r Trysor.

TRAFOD

- "Lle mae dy drysor, yno mae dy galon." I ba raddau mae'r geiriau hyn yn esboniad ar y ddwy ddameg gyntaf?

- "Trwy feddiannu Iesu, yr ydym hefyd yn meddiannu'r Deyrnas, a thrwy feddiannu'r Deyrnas yr ydym yn meddiannu Iesu," meddai rhywun. A gytunwch â'r gosodiad hwn?

- "Pan fyddwn yn edrych ar glip ar yr haul trwy negatif rhag iddo ein dallu, felly yn union mae dameg yn cuddio er mwyn datguddio", meddai A. M. Hunter. I ba raddau mae'r frawddeg yn gymorth i ni ddeall pwrpas yn damhegion?

21. Adnabod Iesu – Ei Ddamhegion (3)
Mathew 15:1-20

CRYNHOI
Nid dameg sydd yma fel y cyfryw ond tair golygfa sy'n cynnwys darluniau damhegol. Yn yr olygfa gyntaf gwelir Iesu'n trafod gyda'r ysgrifenyddion a'r Phariseaid; yn yr ail, mae'n trafod gyda'r tyrfaoedd; yn y drydedd, gyda'r disgyblion.

Yn yr olygfa gyntaf (adn. 1-9) daeth Phariseaid ac ysgrifenyddion o Jerwsalem fel rhyw fath o arolygwyr i archwilio ymddygiad disgyblion Iesu. Ystyrient eu hunain yn geidwaid Deddf Moses a'r Pum Llyfr yn ogystal â'r corff o ddysgeidiaeth lafar oddi allan i'r Ysgrythurau a groniclwyd yn ddiweddarach nag oes Crist yn y Mishnah. Y corff hwn o draddodiad llafar a alwent yn "draddodiad yr hynafiaid" ond a wrthwynebwyd yn chwyrn gan grŵp arall, sef y Sadwceaid, am nad oedd wedi ei ysgrifennu. Ymddengys bod y traddodiad hwn yn fater llosg yn nyddiau Iesu ei hun.

Y cyhuddiad yn erbyn y disgyblion oedd iddynt fwyta bwyd heb gyflawni defod grefyddol o olchi eu dwylo. Nid mater o lanweithdra oedd yn y fantol yma ond glanhad defodol. Ond atebodd Iesu hwy trwy ymosod arnynt am droseddu yn erbyn rhywbeth mwy na thraddodiad hynafiaid, sef yn erbyn deddf Duw ei hun. Trwy ystryw arbennig y traddodiad hwn yr oeddent wedi llwyddo i osgoi y gorchymyn oedd yn rhwymo mab i gynnal ei rieni. Y gair am yr ystryw hwn oedd Corban, sy'n golygu "rhodd" neu "offrwm wedi ei neilltuo i Dduw." Trwy ddatgan llw corban wrth ei rieni gallai mab osgoi y rheidrwydd yn y Gyfraith o gynnal ei rieni yn ariannol oherwydd bod yr arian bellach yn "offrwm wedi ei neilltuo i'r Arglwydd." Yr oedd y Phariseaid felly wedi dirmygu gair Duw gyda'i traddodiad eu hunain.

Dyma'r "rhagrithwyr" oedd yn chwarae gyda'r Ddeddf i'w dibenion eu hunain. Y math o bobl y soniai Eseia (29:13) amdanynt sy'n twyllo trwy ragrithio yn eu haddoliad. Dyma'r un ddeuoliaeth ac a gafwyd eisoes ym Mathew: dweud un peth a gwneud rhywbeth cwbl wahanol.

Try yn awr i gyfarch y dyrfa trwy gyfrwng dameg. Nid yr hyn sy'n mynd i mewn i'r genau (y bwyd) sy'n halogi dyn, ond yr hyn sydd yn ei galon (ei gymeriad) ac yn cael mynegiant trwy'r genau. Crefydd y galon sydd gan Iesu ac nid rhagrith y Phariseaid. Arweinwyr dall ydynt yn camarwain eraill i'r pydew (Sheol neu uffern).

Ychwanegir yn adn. 13 y syniad nad yw pawb yn Israel yn perthyn i'r wir Israel. Pobl wedi eu plannu yw pobl Israel (gweler Eseia 61:21) ond yma ceir y gosodiad nad yw pawb yn Israel wedi eu plannu gan Dduw. Duw yn unig sy'n adnabod ei bobl – y wir Israel.

Pedr sy'n holi ac mae'n ddiddorol cofio mai ef sy'n cael y weledigaeth ynglŷn â bwyd aflan (Actau 11 a12). Atebodd Iesu ef trwy egluro i'r disgyblion nad y bol neu'r cylla yw'r gwir ddyn ond y galon. Allan o honno y daw pob drygioni. Er bod rhestr Mathew yn fyrrach nag un Marc yr un yw'r ergyd.

Yn sicr, credai Iesu fod y Gyfraith a'r Proffwydi yn ddilys o hyd, ond yr hyn sy'n annilys yw ymdrech y Phariseaid a'r ysgrifenyddion i danseilio grym y gyfraith trwy eu traddodiadau hwy eu hunain.

CYMHWYSO

Perygl parhaus pob Cristion yw cyfaddawdu gorchmynion yr Arglwydd a cheisio cyfiawnhau ei weithredoedd trwy bob math o gasiwistiaeth. Nid oes twyllo ar Dduw am ei fod ef yn gweld i'r galon. Y galon, wedi'r cwbl, yw canolbwynt y bersonoliaeth gyfan – yr echel grefyddol mae popeth yn troi o'i chwmpas.

Mae perygl i'r Eglwys hithau absoliwteiddio ei dyfarniadau ei hun a gosod beichiau ar aelodau nad oes gwarant iddynt yn yr Ysgrythur.

TRAFOD

• Yn y Beibl mae'r meddwl a'r galon yn perthyn yn agos i'w gilydd. Beth yw'r pethau sy'n halogi dyn heddiw?

• Onid ydym ninnau yn cyfiawnhau torri Cyfraith yr Arglwydd ar adegau pan fo hynny yn gyfleus i ni? I ba raddau yr ydym bellach yn cadw Dydd yr Arglwydd?

• Faint o fygythiad yw "arweinwyr dall" i'r Eglwys heddiw?

22. Adnabod Iesu – Ei Ddamhegion (4)
Mathew 18:21-35

CRYNHOI
Yn y bennod hon ceir dysgeidiaeth Iesu ar ddisgyblaeth oddi fewn i'r gymuned Gristnogol trwy ysgymuno (adn. 15-20). Mewn gwrthgyferbyniad i'r adran flaenorol ceir agwedd wahanol yma yn pwysleisio nad oes terfynau i faddeuant. Y mae maddeuant fel cariad yn ddiderfyn.

Roedd cwestiwn Pedr ynglŷn â maddau hyd seithwaith i'r brawd sy'n pechu yn ein herbyn yn awgrymu agwedd haelionus iawn. Nid oes sicrwydd pam y dywedir seithwaith namyn y ceir rhai cyfeiriadau yn yr HD at ddial neu faddau hyd at saith o weithiau – gweler Genesis 4:15; Diarhebion 24:16; Lefiticus 26:18. Gwyddom fod saith yn cael ei ystyried yn rhif perffaith. Etyb Iesu ef trwy ddweud fod maddeuant i fod yn ddiderfyn.

Cyfeiria Iesu at Genesis 4:24 lle mae dialedd Lamech i fod "saith ddengwaith a seithwaith." Os oedd y dialedd gwaedlyd yn ymestyn am genedlaethau, felly ymysg Cristnogion nid oes terfyn ar faddeuant.

Mae peth dryswch yn y Groeg ynglŷn â'r rhif. Ai 70 + 7 neu 70 x 7 a olygir yma? D'oes dim angen datrys y broblem. Gorchymyn maddeuant diderfyn y mae Iesu.

Mae dameg y Gwas Anfaddeugar yn ddiddorol am nifer o resymau. Awgrymodd rhai ei bod yn anaddas gan mai dim ond unwaith mae'r brenin yn maddau! Ond mae'r feirniadaeth yn anghofio'r ffaith mai dwy thema wahanol sydd yma. Mathew sydd wedi plethu dau ddywediad pwysig o eiddo Iesu a'r ddau yr un mor wir â'i gilydd.

Darganfu'r brenin wrth adolygu cyfrifon ei weision fod un ohonynt mewn dyled iddo o ddeng mil o dalentau. Mae'r swm yn ddyled aruthrol i unrhyw un heb sôn am was cyflog! Mae'r BCN yn dangos yn y troednodyn fod hwn yn gyflog 15-20 mlynedd! Taflodd y gwas ei hun ar drugaredd ei feistr ac yn rhyfeddol, fe dosturiodd hwnnw wrtho trwy ei ryddhau o'i ddyled.

Ond yn ddiweddarach darganfu yr un gwas, was arall oedd mewn dyled iddo o gan denarius neu gyflog arferol un diwrnod o waith. Ond profodd ef yn was anfaddeugar a gafaelodd yng ngwddf y sawl oedd mewn dyled iddo a'i fygwth. Mynnodd gael ei arian er gwaetha crefu'r gwas am drugaredd.

Pan glywodd y brenin am hyn, digiodd wrtho a rhoddodd ef yn nwylo'r poenydwyr nes y talai'r ddyled yn llawn. Dylai un weithred o drugaredd fod wedi esgor ar drugaredd. Oherwydd ei fethiant rhoddir ef yng ngharchar hyd nes y talai'r ddyled. Wrth gwrs, nid oedd ganddo obaith yn y byd i'w thalu.

CYMHWYSO

Maddeuant yw'r cam cyntaf i weithredu cymod bob amser. Os nad oes maddeuant nid yw cymod yn bosibl. Derbyniodd pechaduriaid faddeuant rhad gan Dduw am ddyled nad oedd ganddynt obaith ei thalu, felly dylent hwythau faddau i eraill.

Y mae cynnal disgyblaeth, fodd bynnag, oddi fewn i'r gymuned Gristnogol yn allweddol bwysig i hygrededd y gymuned honno. Nid cyfaddawdu ar y safon honno yw estyn maddeuant yn ddiderfyn. Ceryddu mewn cariad yw nod yr eglwys Gristnogol, ceryddu er mwyn cywiro.

Gwelir yma ofal bugeiliol Iesu dros ei eglwys – rhywbeth yr oedd Mathew yn daer i'w gyhoeddi.

TRAFOD

- Yn wyneb y ffaith ein bod yn byw mewn cymdeithas sy'n mynnu ei hawliau yn barhaus, pa mor ymarferol yw maddeuant bellach?

- Beth yw eich barn am agwedd Mrs Gee Walker yn maddau i lofruddwyr ei mab, Anthony?

- Pa fodd mae cynnal disgyblaeth yn yr eglwys heddiw?

23. Adnabod Iesu – Ei Berson
Mathew 16:13-20

CRYNHOI
Wedi trafod agweddau ar ei ddysgeidiaeth a'i bregethu, erys y cwestiwn sylfaenol pwy oedd Iesu? Y mae'r ateb i'r cwestiwn yn garreg filltir bwysig yn hanes ei weinidogaeth.

Y lle: "Parthau Cesarea-Philipi" – hen enw'r dref oedd Paneas – ar ôl y duw Pan, duw natur – ond fe'i hailadeiladwyd gan y tetrarch Philip a'i galw yn Gesarea er anrhydedd i'r Ymherodr Awgwstws. Tref ar lethrau mynydd Hermon ugain milltir i'r gogledd o Fôr Galilea ac i'w gwahaniaethu oddi wrth y Cesarea arall ar lan Môr y Canoldir. Yr oedd y tu allan i Israel ac felly yn dref y cenedl-ddynion. Mae hyn i gyd yn arwyddocaol oherwydd mae'r lle hwn yn ffurfio trobwynt yn hanes Iesu Grist. Yn y man hwn lle'r addolwyd duw natur ac yr addolwyd y Ymherodr (gan fod allor iddo yno) y cyffesir Iesu yn Feseia ac yn Fab Duw.

Y cwestiwn: Gofyn cwestiynau treiddgar ynglŷn ag ymwybyddiaeth ei ddisgyblion ef ei hun a'r bobl yn gyffredinol am natur ei berson a'i swyddogaeth a wnaeth Iesu yma. Cwestiwn cyffredinol yw'r cyntaf. "Pwy y mae pobl yn dweud yw Mab y Dyn?" Diddorol yw nodi fod gan Mathew ychwanegiadau bychan arwyddocaol yma ac acw yn yr hanes. Awgrym rhai esbonwyr yw ei fod yn awyddus i gynnwys y tri teitl mawr am Berson Crist gyda'i gilydd: mab y dyn, Meseia, a Mab Duw. Yr oedd mab y dyn yn un o'r teitlau yr oedd Iesu wedi ei ddefnyddio amdano'i hun ac wrth wneud yn tynnu ar draddodiad cyfoethog y proffwydi (Eseciel a Daniel). Daw un peth yn amlwg wrth ystyried yr atebion a gynigir – yr oeddent i gyd yn broffwydi. Yn sicr, roedd Iesu yn ystyried ei hun yn broffwyd.

Mae'r cwestiwn nesaf yn un cwbl ddirfodol dyna pam y rhoddir pwyslais ar yr "a chwithau, pwy meddwch chwi, ydwyf fi?"

Yr ateb: Mae ateb Pedr yn ffurf Mathew arno yn mynegi dau wirionedd sylfaenol am Iesu: ei fod yn Feseia a'i fod yn Fab Duw. Teitl yw'r cyntaf, yn cyfeirio at swyddogaeth Iesu fel Meseia neu Eneiniog Duw. Cyflawni gwaith y Meseia roedd Iesu a'r gwaith hwnnw oedd – "efe a wareda ei bobl oddi wrth eu pechodau" (adn. 1:21). Cawn drafod gwaith Crist eto. Mae'r ail osodiad yn datgan ei fod yn "Fab y Duw byw." Dyma fynegi pwy oedd Iesu yn ei Berson. Defnyddir y gair "byw" yn fynych yn yr HD i bwysleisio fod gan Dduw fywyd ynddo ef ei hun ac yn meddu'r gallu i'w roi i eraill (y Bywiawdwr yw un o deitlau'r Ysbryd Glân). Yn y datganiad hwn felly mae Iesu yn rhannu'r un priodoledd â Duw ei hun ac yn cyfrannu yr un rhinwedd i'w eglwys fel na all hyd yn oed grym marwolaeth ei threchu.

Ymatebodd Iesu i Pedr trwy bwysleisio un gwirionedd yr ydym eisoes wedi ei gyfarfod yn y gyfres hon, sef mai eiddo Duw yw datguddio i ddynion pwy ydyw. Gwaith yr Ysbryd yw goleuo'r meddwl a mowldio'r galon i dderbyn y gwirionedd am Iesu.

Wedyn daw'r testun anodd (*crux interpretum*). "Ar y graig hon yr adeiladaf fy eglwys." Cred yr Eglwys Babyddol mai Pedr ei hun ydyw'r "graig." Ar eu dehongliad o'r adnod hon yr adeiladwyd holl seiliau hierarchaidd yr Eglwys honno gan i Pedr ddod yn Esgob cyntaf Rhufain a throsglwyddo'i awdurdod i'r esgobion a'i dilynodd ef yn y swydd. Erbyn hyn mae ei awdurdod wedi ei gorffori ym mherson y Pab. Ysywaeth nid yw'r adran hon yn sôn am drosglwyddo awdurdod trwy olyniaeth apostolaidd.

"Seimon fab Jona" oedd ei enw ac yna y galwyd ef yn Ceffas. Ystyr y gair Aramaeg hwn yw "craig". Nid rhoi enw newydd iddo yr oedd Iesu yma, ond egluro iddo beth oedd ystyr ei enw ac felly ni ellir dadlau fod iddo flaenoriaeth ar y gweddill o'r disgyblion. Yn wir, ymhen ychydig fe'i gelwir yn Satan.

Cytunwn mai Pedr yw'r Graig, ond nid cyfeirio ato fo mae Iesu, ond datgan mai ar y graig hon sef, cyffes Pedr yr adeiledir yr eglwys. "Ni all neb osod sylfaen arall yn lle'r un sydd wedi ei gosod, ac Iesu Grist yw honno" medd Paul (I Cor. 3:11) gan ychwanegu'n drawiadol "A Christ oedd y graig honno" (1 Cor.10:4). Y graig ysbrydol yr oedd y genedl yn yr anialwch yn yfed ohoni ac sy'n sail i'r eglwys yn y TN. Crist yw'r graig ysbrydol y mae pob cynhaliaeth a nerth yn llifo ohono.

Yma ac yn 18:18 y defnyddir y gair "eglwys" yn unig yn yr Efengylau. Cyfieithiad yw o *qahal* yr HD sy'n golygu cynulliad o bobl yr Arglwydd yn cyfarfod yn lleol.

Yn ychwanegol, i'r Eglwys y rhoddodd Iesu allweddi'r Deyrnas. Yr allweddi (cymh. Eseia 22:22) yn sicr yw'r efengyl fawr a ymddiriedwyd iddi i'w chyhoeddi i'r byd.

CYMHWYSO

Darn allweddol yw hwn yn ateb y cwestiwn: pwy yw Iesu Grist? Mae ateb Pedr yn datgan dau beth: rhodd Duw yw gwybod a deall y gwirionedd hwn am Grist. Ni all y dyn naturiol ddirnad pwy na beth yw. Y gwirionedd hwn am Grist yw sylfaen yr eglwys ac nid unrhyw berson meidrol – boed hwnnw yn Pedr neu'r Pab. A braint yr eglwys bob amser yw cyhoeddi'r gwirionedd hwn am Iesu. Os nad yw'n gwneud hynny nid yw'n cyflawni ei phriod waith.

TRAFOD

- Priod waith yr eglwys yw cyhoeddi'r gwirionedd mai Iesu yw'r Meseia, Mab y Duw byw. Pa mor ffyddlon y bu i'r dasg honno?

- Pwy yw'r "graig" yn y fan hon?

- Onid oes rhaid i bob dyn ateb drosto ei hun pwy yw Iesu Grist?

24. Adnabod Iesu – Ei Waith
Mathew 16:21-28

CRYNHOI

Gydag Israel fel pobl Dduw yn gwrthod Iesu fel y Meseia, y mae dau beth yn angenrheidiol iddo'i cyflawni: rhaid sefydlu ei eglwys (yr Israel newydd – gwelsom hynny yn y wers flaenorol) a dysgu iddi ei ofynion; rhaid iddo roi ei fywyd yn bridwerth dros lawer. Wedi dechrau ar y dasg gyntaf fe dry Iesu yn awr at yr ail. Dyma'r tro cyntaf iddo ddarogan ei ddioddefaint.

Rhaid iddo fynd i Jerwsalem a dioddef llawer trwy law arweinwyr y genedl, a'i ladd, a'r trydydd dydd ei gyfodi (adn. 21). Yr hyn sy'n amlwg yw bod rheidrwydd arno i wneud hynny oherwydd bod yr Ysgrythurau yn gorchymyn hynny. Cofier darlun Eseia o'r Gwas Dioddefus. Mae'n amlwg yn ei ddefnydd o'r termau Mab y dyn a Mab Duw yr oedd Iesu'n dehongli ystyr ei weinidogaeth ar batrwm y Gwas Dioddefus (Eseia 52) a Mab y Dyn (Daniel 7:13). Ar sail y testunau hyn nid yw'n syndod ychwaith gweld ei fod yn rhagweld ei atgyfodiad ar y trydydd dydd. Y mae'r syniad o gael ei gyfiawnhau yn gryf yn y ddau ddarn arbennig hwn. Gan fod Iesu yn gosod ufudd-dod llwyr i ewyllys Duw fel nod amcan ei fywyd nid yw'n syndod ei weld yn ymostwng i'r ewyllys honno fel y datguddiwyd hi yn yr Ysgrythurau.

Mae'n amlwg nad oedd Pedr, fodd bynnag, wedi deall bwriadau Duw ac mae'r geiriau a lefarodd yn ennyn cerydd hallt. Pa fodd y cwympodd y cedyrn! O fod yn graig un funud, fe droes Pedr yn graig rhwystr – yn hudo'r Meseia oddi wrth ei bwrpas mawr, fel y ceisiodd y Diafol ei wneud.

Wedi gwrthod cerydd Pedr cyhoeddodd Iesu ei faniffesto ar gyfer ei ddilynwyr. Bydd yn rhaid iddynt hwythau godi'r groes a'i ganlyn ef. Mae'r syniad o Feseia dioddefus yn cyfleu hefyd y syniad o gymdeithas ddioddefus. Syniad y cyfeiriodd Paul ato gyda'i "gymdeithas ei ddioddefiadau". Yn wyneb hynny, pa les yw i ddyn ennill yr holl fyd (cymharer y cynnig a roddodd Satan i'r Iesu yn y Temtiad) a cholli ei fywyd ei hun?

CYMHWYSO

Mae dioddefaint y Meseia yn rhan o gynllun Duw i waredu pechaduriaid – cynllun a ddatguddiwyd yn raddol trwy gydol yr HD ond a ddaeth i'w uchafbwynt yn nyfodiad Iesu Grist. Methu â deall hynny oedd gwendid Pedr a'r disgyblion yn y fan hon. Trwy hynny maent yn methu â dirnad ffordd Duw o achub pechaduriaid. Pe bai modd osgoi'r dioddefaint yn sicr byddai Duw wedi darganfod ffordd, ond roedd ei gyfiawnder a'i sancteiddrwydd yn galw am gosbi pechod. Yn wir, yr oedd yn rhaid cosbi pechaduriaid os oedd i gynnal ei sancteiddrwydd. Heb sancteiddrwydd nid yw'n haeddu ei alw'n Dduw. Ni ellir osgoi'r groes – y mae ar ganol llwybr y waredigaeth.

Os oes cost i Dduw i ddarparu gwaredigaeth, mae cost hefyd mewn bod yn ddisgybl i Iesu. Nid dilyn o hirbell mae gwir ddisgybl ond ymateb i eiriau Iesu, "Dilyn fi." Ef sydd ar y blaen, a lle bynnag mae ef yn arwain, yno mae'r disgybl yn dilyn. Mae gwir ddisgybl yn gwneud ei ewyllys ef, costied a gostio. O'i fynegi mewn ffordd arall, ystyr credu yw ufudd-dod. Nid rhyw brofiad mawr yw hanfod dod yn Gristion, ond mater o ufuddhau – ildio'n hewyllys falch a hunangyfiawn i'w ewyllys ef.

TRAFOD

* Oni allai Iesu gyflawni ei waith heb ddioddefaint y groes? Pe gallai, onid esiampl a dim byd mwy na hynny a fyddai i ni?

* A yw'n bosibl i ninnau fod yn rhwystrau yn ffordd Crist?

* Beth yw cost bod yn wir ddisgybl i Iesu Grist?

25. Adnabod Iesu – Ei Waith
Mathew 17:1-13;22-23.

CRYNHOI
Un o ddigwyddiadau mwyaf anghyffredin bywyd Iesu oedd "Mynydd y Gweddnewidiad." Nid oes sicrwydd pa fynydd ydoedd – Tabor medd traddodiad ond awgrymwyd Hermon hefyd. Nid y lleoliad sy'n bwysig, fodd bynnag, ond yr hyn a ddigwyddodd yno. Erys y ffaith bod i'r mynyddoedd le amlwg yng ngweinidogaeth Iesu Grist.

Dylid deall y digwyddiad yn erbyn cefndir yr HD, yn arbennig Exodus 24:15-18 lle cyfeirir at y *shekinah* neu'r gogoniant dwyfol ar ffurf cwmwl; ac Exodus 34:29-35 lle cyfeirir at wyneb Moses yn disgleirio ar fynydd Sinai wedi bod ym mhresenoldeb Duw. Yng ngoleuni'r cefndir hwn y dehonglwyd yr hyn a ddigwyddodd i Iesu ar fynydd y gweddnewidiad.

Am y gweddnewidiad ei hun sylwer bod y pwyslais ar ffurf oddefol y gair *metamorphôthê* – felly cael ei weddnewid gan Dduw a wnaeth Iesu. A thrwy len ei gnawd fe ddisgleiriodd y goleuni dwyfol. Ceir adlais o ogoniant Duw fel a geir yn Salm 104:1 "...yr wyt wedi dy wisgo ag ysblander ac anrhydedd, a'th orchuddio â goleuni fel mantell."

Ond beth yw arwyddocâd ymddangosiad Moses ac Elias? Dyma ddau o gymeriadau mwyaf yr HD a gyfarfu Duw ar Fynydd Siani/Horeb ac un o arwyddion oes y Meseia oedd y byddai Moses ac Elias yn ymddangos eto. Yr oeddent hefyd yn cynrychioli'r Gyfraith a'r Proffwydi yr oedd Iesu wedi dod i'w cyflawni.

Y mae'r cyfeiriad at "dair pabell" yn ddirgelwch i esbonwyr, er bod nifer o bethau o'r HD yn gymorth i ddeall yr ymadrodd. Yr oedd Pabell y Cyfarfod yn agos i Fynydd Sinai ac iddi hi yr aeth Moses wedi iddo gael ei drawsnewid ar y mynydd (Exodus 34:34-5). Yn ogystal, amgylchynwyd y babell honno gan y cwmwl sy'n arwydd o ogoniant Duw. Yr oedd awgrym Pedr yn gwbl amhriodol gan nad oedd Crist eto wedi ei ogoneddu.

Daw'r llais o'r cwmwl unwaith eto i gadarnhau i'r disgyblion safle unigryw Iesu fel Mab Duw. Geiriau sy'n cadarnhau duwdod personol a hanfodol y Mab ac felly'n sail i'w Feseianiaeth. Oherwydd hynny, dylent wrando arno (Deuteronomium 18:15).

Defnyddir yr hanesyn hwn yn 2 Pedr 1:19 i gadarnhau'r gred fod Iesu yn Fab Duw ac yn meddu anrhydedd a gogoniant. Y mae hefyd yn "air proffwydol" am fod y gweddnewidiad yn rhagflas o ailddyfodiad Crist i'r byd.

CYMHWYSO

Dyma ddigwyddiad sy'n datgan yn eglur fod oes cyflawniad disgwyliadau eschatolegol Israel wedi cyrraedd. Daeth y Meseia, Mab Duw, yn ymgorfforiad o'r wir Israel. Bydd pawb sydd yn ei dderbyn ef yn profi yr un goleuni a disgleirdeb yn yr atgyfodiad mawr.

Y mae dioddefaint Crist y cyfeiriwyd ato yn 16:21-3 ac yn y bennod hon 22,23, yn gorfod digwydd cyn y bydd yn cael ei ogoneddu.

Mae gosod hanes y dioddefaint a hanes y gweddnewidiad yn gyfochrog fel y gwna W. D. Davies a Dale Allison Jnr. yn eu hesboniad mawr ar Mathew yn dangos gwrthgyferbyniadau trawiadol: Yn y Gweddnewidiad amgylchynir Iesu o'r ddeutu gan Moses ac Elias ac roedd popeth yn oleuni llachar a chyffesir Iesu yn Fab Duw ac yn y blaen. Ond ar fynydd y Croeshoeliad amgylchynwyd Iesu gan ladron ac roedd popeth yn dywyll ac eto cyffesir Iesu yn Fab Duw, ac yn y blaen. Wrth gyflawni gair y proffwydi mae'r Iesu yn cael ei ddarostwng a'i ddyrchafu, ei wisgo â goleuni a'i amgylchynu gan dywyllwch.

Mae pennod 16 ac 17 yn cynnig dau ddigwyddiad allweddol sy'n cyfateb i'w gilydd mewn modd rhyfeddol:

Mab Duw
16:13-20 Cyffesir Iesu yn Fab Duw ac addewir buddugoliaeth i'w eglwys

Mab y Dyn
16:21-3 Rhaid i Fab y Dyn gael ei ladd

Mab Duw
17:1-8 Daw llais o'r cwmwl yn cyhoeddi'r Iesu a ogoneddwyd yn Fab Duw

Mab y Dyn
17:9-13 Rhaid i Fab y Dyn ddioddef.

TRAFOD

- I ba raddau mae'r eglwys heddiw yn derbyn cysur o'r darlun hwn am ogoniant Crist?

- I ba raddau mae'r hanes hwn yn cadarnhau ein ffydd yn Nwyfoldeb Crist?

26. Adnabod Iesu – Ei Waith
Mathew 20:17-28

CRYNHOI
Ar ei ffordd i Jerwsalem i ddioddef a marw mae'r Iesu – ffaith y myn Mathew gadw'n gyson o fael llygaid ei ddarllenwyr. Dyma'r rhagfynegiad manylaf ohonynt i gyd. Nid yn unig cyfeirir at yr offeiriaid a'r ysgrifenyddion ond hefyd y Cenedl-ddynion (sef y Rhufeiniaid) fydd yn gyfrifol am ei fflangellu a'i groeshoelio.

Ymddengys y gair "traddodi" ddwywaith yn y darn hwn ac mae'n derm technegol am draddodi rhywun i ofal y llysoedd barn. Yr ydym yn dal i ddefnyddio'r term am draddodi rhywun i'r awdurdodau i gael ei farnu, a'i gyhuddo a'i ddedfrydu. Dyma'r eironi mawr yn hanes Iesu, fod yr un sy'n Farnwr yr holl fyd yn cael ei draddodi i lys meidrol. "A'th brofi gan wael bryfyn, a barnu Duw gerbron dyn." Dyma pa mor llwyr yr uniaethodd Duw ei hun â dynoliaeth.

Yn wyneb dwyster y sefyllfa mae cais mam Iago ac Ioan ar ran ei meibion yn rhyfeddol ac yn dangos nad oeddent wedi deall natur y Deyrnas yr oedd Iesu'n ei sefydlu. Mae ateb Iago ac Ioan eu hunain yn bradychu pa mor ddiddeall yr oeddent. Dim ond un a allai yfed y cwpan hwn – cwpan llid yr Arglwydd (Eseia 51:17). Mae ateb Iesu yn datgan mai hawlfraint Duw fydd gweinyddu barn a gosod pob un yn ei le. Yn ychwanegol, mae'n dangos natur y Deyrnas hon a'r chwyldro y bydd yn ei achosi.

Nid ar batrwm mawredd llywodraethwyr y Cenedl-ddynion y bydd mawredd Teyrnas Dduw yn cael ei fesur, ond yn hytrach, ar sail gwasanaeth. Dyma droi safonau'r byd hwn wyneb i waered. Rhaid i'r mwyaf fod yn barod i wasanaethu'r lleiaf. Onid felly y gwnaeth Mab y Dyn? Dod i wasanaethu ac nid i'w wasanaethu a wnaeth ef trwy roi ei "einioes yn bridwerth (Groeg: *lutron*) dros lawer."

Yma'n unig (ac yn Marc 10:45) y ceir y gair "pridwerth" yn y TN cyfan. Cefndir y syniad y tu ôl i'r gair yw "gollwng yn rhydd o gaethiwed." Y *lutron* oedd y pris neu'r pridwerth a dalwyd er mwyn prynu rhywun yn rhydd o gaethiwed. Cysylltir y gair yma gyda'r ymadrodd "dros lawer" sy'n adlais o waith y Gwas Dioddefus yn Eseia 53:11. Yng Nghrist felly telir y pris am brynu pechaduriaid i ryddid o gaethiwed pechod.

CYMHWYSO

Gan fod yr Eglwys yn rhagflas o'r Deyrnas mae'r syniad o wasanaethu eraill yn allweddol. Nid arglwyddiaethu yw pwrpas arweinyddiaeth mewn eglwys ond gwasanaethu. Gwaetha'r modd, mae rhai traddodiadau eglwysig wedi camddehongli natur y weinidogaeth. Nid tra-arglwyddiaethu, fel y gwna rhai esgobion, yw'r nod, ond gwasanaethu fel y daeth Iesu i wasanaethu. Un o gymwysterau bod yn weinidog yw bod yn was i bawb.

Mae'r darlun o Iesu yn talu'r pridwerth dros bechod yn un cyfoethog, ond yn codi'r cwestiwn i bwy y telir y pris? Awgrymodd rhai o ddiwinyddion yr Eglwys Fore fod y Diafol wedi ennill rhai hawliau ar ddynion ac felly iddo ef y talodd Crist y ddyled. Ond go brin y gellir cytuno fod gan y Diafol hawliau o unrhyw fath. Felly, dylid pwysleisio mai clirio ein dyled ger bron Duw ei hun yw'r ystyr priodol.

Mae'r ffaith i Iesu ddefnyddio'r gair "dros" (Groeg: anti) yn bwysig am ei fod yn ystyried fod ei aberth ar y groes yn bris roedd yn rhaid ei dalu i brynu pechaduriaid i ryddid. Yr un modd yn y waredigaeth o'r Aifft yr oedd yn rhaid aberthu oen y Pasg ac yn Eseia 53 rhaid i'r Gwas ddioddef dros eraill. Ni ellir deall geiriau Iesu yn y Swper Olaf ychwaith heb y syniad hwn o dalu pris: "Hwn yw fy nghorff a roddir trosoch."

Tuedd anffodus llawer o ddiwinyddion yw canolbwyntio ar y waredigaeth gan anwybyddu'r pris a dalwyd amdani.

TRAFOD

- Calon y Waredigaeth yw'r pris a dalwyd drosom. A oedd modd i Dduw faddau i bechaduriaid heb fod y pris hwn yn cael ei dalu?

- Cyfrinach gweinidogaeth yw gwasanaethu ac nid arglwyddiaethu. Yn wyneb hynny a oes rhai traddodiadau eglwysig wedi camddeall natur y weinidogaeth?

27. Adnabod Iesu – Ei Waith
Mathew 21:1-17

CRYNHOI

Dyma ddechrau wythnos olaf gweinidogaeth Iesu ar y ddaear. Ymunodd Iesu gyda'i ddisgyblion i droedio ffordd y pererinion o'r Gogledd i mewn i Jerwsalem. Ffordd fyddai'n eu harwain dros Fynydd yr Olewydd. Yr oedd wedi darparu ar gyfer yr orymdaith gwyddai bod asen ac ebol yn barod ym Methffage.

Yn unol â'i arfer gwêl Mathew arwyddocâd y weithred hon yn nhermau cyflawni proffwydoliaethau'r HD. Mae sefyll ar Fynydd yr Olewydd yn arwyddocaol ynddo'i hun, oherwydd yno bydd y frwydr fawr Olaf pan fydd Duw yn amlygu ei saint i'r byd (gweler Sechareia 14:4). Dyfyniad o Sechareia 9:9 sy'n cyfeirio at y brenin yn dod dan farchogaeth asen, yn cael eu cyfuno â geiriau o Eseia 62:11 sy'n cyfeirio at y brenin yn dod i'w ddinas a geir yma. Dymuna Mathew ddangos i'w ddarllenwyr fod Iesu mewn ffordd ryfeddol wedi cyflawni'r proffwydoliaethau hyn.

Yn Sechareia 9:10 darlunnir y Meseia yn llywodraethu mewn heddwch dros ei deyrnas sy'n ymestyn dros yr holl ddaear. Brwdfrydedd Mathew dros ddangos fod Iesu wedi cyflawni geiriau'r broffwydoliaeth sy'n esbonio pam ei fod yn nodi'r ebol asyn hefyd. Yr oedd marchogaeth ar asen yn gwbl groes i ddisgwyliadau'r Iddewon am Feseia brenhinol a fyddai'n marchogaeth fel concwerwr i Jerwsalem. Yn wir, ni allai'r gwrthgyferbyniad fod yn fwy syfrdanol.

Efallai bod y bobl wedi deall rhywbeth o ystyr dyfodiad Iesu fel Meseia wrth iddynt daflu eu mentyll ar y ffordd a thorri canghennau'r palmwydd. Dyma groeso brenhinol, yn wir! Cadarnheir hynny gan floedd y dyrfa. "Mab Dafydd" oedd y brenin yn Israel a chyferchid ef gyda'r floedd "Hosanna" sy'n golygu "Achub." Daw'r geiriau nesaf o Salm 118:25, "Bendigedig yw'r un sy'n dyfod yn enw'r Arglwydd" ac yn gyfeiriad pendant at ei Feseianiaeth.

Yr oedd Iesu nid yn unig yn barod i dderbyn y teitl Meseia, ond roedd hefyd yn dehongli'r swydd honno mewn ffordd arbennig. Dyma sy'n esgor ar y cwestiwn, "Pwy yw hwn?" Nid oedd gan y tyrfaoedd unrhyw amheuaeth mai y Proffwyd o Nasareth yng Ngalilea – sef, y man na ddichon dim da ddod ohono.

Y mae glanhau'r deml hefyd yn cyflawni proffwydoliaeth yr HD. Eseia 56:7 yw'r cefndir. Yr oedd yn rhaid cael arian pur i'w dalu yn dreth i'r Deml, ond gan y deuai llawer o'r pererinion o wledydd eraill yr oedd yn rhaid darparu moddion i gyfnewid yr arian. Yn sicr, byddai'r cyfnewidwyr yn pocedu dipyn o'r pres. Yr oedd stondinau'r cyfnewidwyr yng Nghyntedd y Cenedl-ddynion ond nid hynny sy'n mynd a bryd Mathew, ond llef y plant "Hosanna i Fab Dafydd" oedd i'w glywed yno. Unwaith eto yn gyflawniad i broffwydoliaeth Salm 8:2.

CYMHWYSO

Temtasiwn fawr ein hoes yw gwneud Iesu Grist yn ddim namyn mascot i'n hymgyrchoedd ni ein hunain. Mowldio Gwaredwr i ffitio ein dymuniadau ni. Gwnaeth yr oes hon Iesu Grist yn "Superstar", yn Glown, a hyd yn oed yn ferchetwr a meddwyn a gwrywgydiwr (fel yn nramâu Dennis Potter). Popeth sy'n nodweddu ysictod yr oes bresennol. Popeth ond yr hyn ydyw mewn gwirionedd.

Dysg y TN mai gwaredwr pechaduriaid yw Iesu ac roedd ffordd y groes ar ganol ei bwrpas mawr. Am hynny, nid gwaredwr sy'n cael ei fowldio gennym ni ydyw ef ond un sy'n torri pob mowld ac yn chwalu pob caethiwed a roddwn arno.

Prysurwn i ddweud nad yw athrawiaeth yr Eglwys am Grist yn un o'r mowldiau hynny. Yn hytrach, gorfodwyd yr Eglwys i grisialu ei hathrawiaeth am Iesu oherwydd bod rhywrai yn camddehongli ei weinidogaeth ac yn tanseilio ei neges. Nid ystryw gan ddynion twyllodrus yw athrawiaeth Gristnogol fel y myn rhai, ond ymgais i ddiogelu'r iachawdwriaeth fawr a brynodd Iesu ar ein cyfer trwy ddiffinio natur ei Berson a mawredd ei Waith. Nid yw'r diffinio hwnnw yn ddim namyn ceisio deall yr Ysgrythurau.

TRAFOD

- Nodwch enghreifftiau o'r modd mae'r oes hon yn gwneud mascot allan o Grist.

- Pa fodd y dehonglodd Iesu ei waith fel Meseia?

- A sail y TN yr adeiladodd yr Eglwys ei hathrawiaeth am Berson a Gwaith Crist. Anogaeth Paul i Timotheus oedd i "ddyfalbarhau yn yr athrawiaeth." Ai oherwydd ein bod yn esgeulus o'r athrawiaeth yr ydym mor ansicr ein cred fel Cristnogion heddiw?

28. Adnabod Iesu – Ei Waith
Mathew 26:36-46

CRYNHOI

Dyma symud ymhell o awyrgylch gorfoleddus dathlu gwledd y Pasg gyda'i ddisgyblion. Wedi croesi Dyffryn Cidron daethant i ardd Gethsemane oedd ym Mynydd yr Olewydd. Mae'n amlwg mai'r nos ydoedd a gofynnodd Iesu i'r tri disgybl i wylio gydag ef – cadw gwyliadwriaeth y nos yw'r ystyr. Ond yr oedd y tywyllwch yn drech na hwy a chysgu wnaethant.

Gadawyd Iesu'n unig ac yn yr unigrwydd hwnnw cododd deirgwaith a mynd at ei Dad mewn gweddi. Mae'r weddi yn gyfuniad o eiriau Salmau 42:6 a 43:5 ac yn fynegiant o dristwch dwfn ei enaid a'r gwewyr yn ei ysbryd. Taflodd ei hun ar y llawr fel arwydd o ymostyngiad llwyr, ond nid hawdd yw ildio i ewyllys Duw.

Cyfeiriwyd at y cwpan yng nghyd-destun Duw yn cosbi ei genedl am ei phechodau yn Eseia, ond yma troes y genedl yn Berson a'r etholedigion yn etholedig. Fel y Gwas Dioddefus gadawyd Iesu'n unig i gyflawni ewyllys yr hwn a'i danfonodd.

Mae gofal Iesu dros y disgyblion yn amlwg. Rhan o'r gwewyr a ddioddefodd oedd na châi ei ddisgyblion eu profi am eu ffydd.

Mae ei weddi olaf (y drydedd yn ôl Mathew) yn cloi gyda'r dymuniad "gwneler dy ewyllys di." Ildio'i hun i'r ewyllys ddwyfol fu'n rhaid a hynny er mwyn cyflawni ei amcanion mawr.

CYMHWYSO

Cafodd amryw o esbonwyr drafferth gyda'r gwendid ymddangosiadol hwn ym mherson Iesu. Oni allai wynebu ei dynged yn ddewr fel y gwnaeth Socrates wrth yfed y gwenwyn? Cwestiwn nad yw yn deall am ennyd natur a phwrpas dyfodiad Crist i'r byd. Arno ef y gorffwysai faich holl bechod y byd, er ei fod ef ei hun yn ddibechod.

Am hynny, amhosibl cymharu gwewyr a phoen Iesu gyda phoenau cyffredin dynoliaeth. Un waith ac am byth y bu Crist farw dros bechodau'r byd – i hyn y bu'r Gyfraith a'r Proffwydi. Dim ond ef yn unig allai yfed y cwpan hwn. Ar ysgwyddau Iesu mae iachawdwriaeth yr holl oesoedd yn gorwedd.

Mae unigrwydd yng Ngethsemane, fel unigrwydd y croeshoeliad, "Fy Nuw, fy Nuw paham y'm gadewaist?" Aeth Iesu yn wrthodedig er mwyn pechaduriaid. "Cosbedigaeth ein heddwch ni oedd arno ef..."

Cododd Iesu ac aeth at ei Dad deirgwaith, a theirgwaith cafodd fod y drws wedi ei gau yn ei wyneb a hynny er mwyn pechaduriaid. Fel y dywed Eseia eto, "Am ychydig mewn dicter moment, cuddiais fy wyneb rhagot; ond â chariad di-baid y tosturiaf wrthyt."

>F'enaid gwêl i Gethsemane,
>Edrych ar dy Brynwr mawr.
>Yn yr ing a'r ymdrech meddwl,
>Chwys a gwaed yn llifo i lawr;
>Dyma'r cariad
>Mwyaf rhyfedd fu erioed.

TRAFOD

- Efallai mai myfyrio mewn distawrwydd am ennyd fyddai orau ar ôl y wers hon.

- Ym mha fodd mae dioddefaint Iesu yn wahanol i ddioddefaint pob un arall?

- Ildio i ewyllys Duw a wnaeth Iesu ac nid hawlio "rhyddid ewyllys" ac yn yr ystyr hwn y mae'n batrwm i bob dyn.

29. Adnabod Iesu – Ei Waith
Mathew 27:45-56

CRYNOI

Yn wahanol i Luc mae pwyslais Mathew ar ddisgrifio'r croeshoeliad yn nhermau unigrwydd llwyr y Crist ar y groes. D'oes neb yno ond gwatwarwyr fel yr ysgrifenyddion a'r henuriaid a hyd yn oed y lladron gan adleisio geiriau Eseia 53:12 a Salm 22:7.

Bu tywyllwch o ganol dydd hyd dri o gloch y pnawn tra roedd Iesu ar y groes. Gwaeddodd yn uchel, "Eli, Eli, lema sabachthani" – geiriau o Salm 22. Y geiriau yn mynegi yr ymwybyddiaeth fod Duw ei hun wedi cefnu arno. Am ryw reswm credai'r dorf mai galw ar Elias oedd, tra roedd eraill yn ei watwar. Yna, bu farw.

Rhwygwyd llen y deml yn ddwy, o'r pen i'r gwaelod, gan ddangos fod y ffordd yn rhydd i bob un ddod at Dduw gan mai dim ond yr archoffeiriad oedd a hawl i fynd i mewn i'r Cysegr Sancteiddiaf a hynny unwaith y flwyddyn yn unig. Bellach, dyma datgan fod y gyfundrefn honno wedi dod i ben a bod ffordd newydd i ddod at Dduw.

Gyda'r beddau yn agor a'r meirw yn cyfodi yr oedd yn amlwg fod rhywbeth mawr wedi digwydd. Adlais o eiriau Eseciel (37:12) pan broffwydodd y byddai Duw yn agor beddau y rhai a fu farw ym Mabilon ac yn eu dychwelyd i Jerwsalem.

Ar lawer cyfrif uchafbwynt yr hanes yw cyffes y canwriad: "Yn wir, Mab Duw oedd hwn." Cyffes cenedl-ddyn (a Rhufeiniwr!)

CYMHWYSO

Mae'r geiriau "Paham y'm gadewaist" yn anodd eu deall o gofio nad oes neb ohonom am ennyd yn dianc o law Duw. Onid oedd y Salmydd wedi canu "pa le y ffoaf o'th ŵydd?" Rhaid deall felly fod yma rywbeth cwbl unigryw, sef Barn. Barn Duw ar bechodau'r byd. Ystyr gyntaf dioddef barn yw bod heb Dduw – wedi ein taflu allan o'i bresenoldeb am byth. Ail ystyr barn yw ein bod i ddioddef cosb a phoenau tragwyddol. Dioddefodd Iesu y naill a'r llall dros bechaduriaid er ei fod ef ei hun yn ddibechod. Camodd i uffern yn ein lle.

Y foment honno, rhwygwyd llen y deml oedd yno i gadw pobl allan o'r presenoldeb dwyfol. Bellach gallai pob dyn ddyfod i bresenoldeb Duw heb orfod mynd i'r deml.

Mae'r ffaith fod y beddau yn agor a'r saint yn cerdded trwy'r lle yn un o arwyddion yr Ailddyfodiad pan fydd y saint yn cyfodi.

TRAFOD
- Ym mha ffordd mae aberth Crist unwaith ac am byth yn goron ar yr holl aberthau?

- Beth yw arwyddocâd rhwygo llen y deml?

- Sut mae deall mai "trosom ni" y bu Iesu farw?

30. Adnabod Iesu – Ei Waith
Mathew 28:1-20

CRYNHOI

Mae tystiolaeth Mathew i'r atgyfodiad yn glir a diamwys ac mae ganddo ei bwyslais unigryw ei hun. Yn y bore bach dywed fod y ddwy Fair wedi dod i "edrych ar y bedd." Yn wahanol i Marc, myn Mathew na allent fynd at y bedd am fod gwarchodlu wedi eu gosod yno gan y prif offeiriaid. Yn hyn o beth yr oedd Pilat wedi cyd-gynllwynio â hwy rhag ofn y byddai i Iesu gyfodi. Pwyslais Mathew felly yw fod yn gwragedd yn dystion i'r hyn a ddigwyddodd a'u hagwedd addolgar yn wrthgyferbyniad llwyr i ystryw yr offeiriaid i geisio twyllo.

Ymddangosodd angel o'r nef a symud y garreg fawr er mwyn datgelu bod y bedd yn wag. Ym Mathew mae angylion yn arwydd o'r ffaith fod oes y Meseia yn dangos ymyrraeth Duw yn ei fyd. Trwy eistedd ar y garreg mae'r angel yn dangos fod goruchafiaeth Duw dros angau yn derfynol. Agorwyd y bedd fel y gallai pawb weld buddugoliaeth Duw. Aeth y gwarchodwyr fel rhai marw gan ofn.

Mewn gwrthgyferbyniad i fraw y gwarchodlu daw'r angel at y gwragedd a llefaru gair o gysur ac o addewid. Y newyddion syfrdanol bod Iesu wedi ei gyfodi yw neges yr angel – "dyna fy neges i chwi." Cynnwys y neges oedd fod Iesu yn mynd i gyfarfod ei ddisgyblion yng Ngalilea, lle roedd wedi dweud y byddai'n eu gweld.

Mewn llawenydd aeth y gwragedd oddi wrth y bedd i ddweud wrth y disgyblion, ond ar y ffordd yno daeth Iesu i'w cyfarfod. Y peth cyntaf a wnaethant oedd ei addoli, cydnabod ei ogoniant fel Duw, gan mai Duw yn unig sy'n haeddu addoliad yn ôl y Beibl. Yn ei eiriau cadarnheir neges yr angel.

Mae Mathew yn awyddus i ddangos mai trwy lwgrwobrwyo'r gwarchodlu y llwyddodd yr Iddewon i gadw'r hanes yn ddistaw ac mai trwy dwyll y disgyblion yn dwyn corff Iesu yr oedd y bedd yn wag.

Mae'r comisiwn terfynol i'r disgyblion yn ffurfio clo priodol i Efengyl Mathew. Gellir crisialu'r holl Efengyl i ddau air: "Dewch" ac "Ewch". Ar ddechrau gweinidogaeth Iesu ceir galwad i fod yn ddisgyblion iddo, - a theg dweud mai ar fod yn ddisgyblion ffyddlon i Iesu y mae ei bwyslais – ac ar y terfyn mae'r neges yn troi i "gwnewch ddisgyblion."

Y term hanfodol yn y Comisiwn Mawr yw "pob" neu "holl" (Groeg: *pasa*, *panta*). "Pob awdurdod"; "pob / holl genhedloedd"; "pob/holl orchmynion"; "bob amser" / "yn wastad". Dyma Fab y Dyn dyrchafedig llyfr Daniel 7:14 sydd ag awdurdod dros yr holl Deyrnas Dduw.

Dwy elfen hanfodol yn y broses o wneud disgyblion yw bedyddio a dysgu. Trwy fedydd ceir mynediad a derbyniad i mewn i arglwyddiaeth a chymdeithas y duwdod (y Tad, y Mab a'r Ysbryd Glân). Mae bod yn ddisgybl yn golygu bod yn ufudd fel roedd Iesu. Yn wyneb pob anhawster, gan gynnwys "ychydig ffydd" y praidd bychain, bydd addewid Iesu i fod gyda hwy bob amser i'w cynnal yn eu gwendid yn eu nerthu. "Oherwydd lle mae dau neu dri wedi dod ynghyd yn fy enw i, yr wyf innau yno yn eu canol" (18:20).

CYMHWYSO

Y bedd gwag yn ôl Mathew oedd y cam cyntaf i brofi fod Iesu'n fyw. Nid dibwys, gan hynny, yw'r dystiolaeth a ddaw o'r bedd gwag. Ond gan fod yr Iddewon yn honni mai'r disgyblion oedd wedi dwyn y corff oddi yno, yr oedd yn hanfodol bwysig i'r dystiolaeth hefyd fod Iesu yn ymddangos i'r disgyblion.

Er hynny, yr oedd rhai'n amau'r ffaith ei fod yn fyw. Trwy ymddangos i'r disgyblion roedd Iesu nid yn unig am eu galw i wasanaeth ei Deyrnas ond hefyd yn rhoi'r addewid fawr y byddai ef ei hun gyda hwy bob amser.

Mae'r genhadaeth yn ymestyn i Galilea (Galilea'r Cenhedloedd) ac oddi yno i'r holl fyd. Gwneud disgyblion yw gwaith sylfaenol Eglwys Iesu Grist o hyd.

TRAFOD

- Pa mor bwysig yw'r bedd gwag i ffydd y Cristion yn yr Atgyfodiad?

- "Dewch" ac "Ewch" yw'r ddau air allweddol ym Mathew. I ba raddau maent yn crisialu ei neges?

- Bedyddio a dysgu yw dwy alwad genhadol yr Eglwys. Pa mor ffyddlon ydym heddiw i'r alwad hon?

31. Adnabod yr Ysbryd – Goleuo
1 Corinthiaid 2:1-5

CRYNHOI
Gwaith yr Ysbryd yw dod ag Efengyl fawr Iesu Grist – Efengyl y Groes a'r Atgyfodiad – yn oleuni i'r meddwl trwy gyfrwng pregethu. Wrth gwrs, mae gan yr Ysbryd gyfryngau eraill ar wahân i bregethu i oleuo pobl ynglŷn â gwirionedd efengyl Crist, ond ni ddylid esgeuluso lle canolog pregethu yn nhrefn yr iachawdwriaeth (gweler Rhufeiniaid 10:14).

Daw'r cyfeiriad cyntaf at waith yr Ysbryd yn y llythyr hwn fel rhan o gasgliad dadl Paul sy'n ymestyn yn ôl i 1 Cor. 1:17. Daeth Paul at y Corinthiaid nid gan lefaru gyda huodledd a doethineb mawr, ond fel un oedd yn cyhoeddi dirgelwch (neu dystiolaeth) Duw. Y dirgelwch yw neges *(logos)* y groes. Y neges fawr am gymod â Duw trwy Iesu Grist felly a ddaeth a'r Corinthiaid i dröedigaeth. Nid ar allu Paul i gyflwyno'r neges honno yr oedd ei heffeithiolrwydd yn eu mysg yn dibynnu, ond ar yr Ysbryd a'i nerth.

Ymddengys mai natur y broblem yn eglwys Corinth oedd bod rhywrai wedi camddehongli Paul a hyd yn oed wedi llurgunio ei eiriau am yr Ysbryd, a gwybodaeth, doethineb a pherffeithrwydd, trwy roi ystyr anghristnogol iddynt. Yn y llythyr cyntaf hwn gwelir Paul yn cymryd y cyfle i hoelio'r geiriau hyn yn gadarn wrth groes Crist ac i ddangos nad yw'r Ysbryd yn neb llai nac Ysbryd Crist ei hun.

Mae adnodau 1/2 felly yn eu hatgoffa o gynnwys y neges; 3/4 yn datgan ffurf y cyflwyniad, sef mewn gwendid. Yn y gwendid hwn, fodd bynnag, mae nerth Duw ar waith ac nid mewn doethineb meidrol. Ei neges felly yw y dylai'r Corinthiaid gofio bod y gwir rym yn gorwedd nid mewn doethineb *(sophia)* nac yn huodledd y pregethu *(logos)* ond yng ngwaith yr Ysbryd y mae eu bywydau hwy yn brofiadol ohono. "Amlygiad sicr" *(apodeixei)* o'r Ysbryd a'i nerth ydoedd. Y mae'r gair gwreiddiol yn gryfach na hynny hyd yn oed, oherwydd golyga "brawf pendant."

Nid yw'r ymadrodd "yr Ysbryd a'i nerth" yn gwbl glir. Tybiodd rhai mai cyfeirio at "ddoniau'r ysbryd a gwyrthiau" y mae Paul. Ond i Paul mae'r termau "Ysbryd" a "nerth" yn gyfystyr. Enghraifft o 'hendiadys' neu ddefnyddio dau air i fynegi yr un peth. Dyma yw cyfieithiad y BCN.

Dyma ddefnyddio gair arbennig i ddisgrifio grym yr Ysbryd (Groeg: *dunamis*.) Deinameit Duw yw'r Ysbryd. Grym sy'n gallu chwalu pob gwrthwynebiad a dymchwel doethineb y byd hwn. Ni ddylai'r darlun hwn ein brawychu oherwydd mae Paul am bwysleisio yma y gwrthgyferbyniad rhwng grym y byd a grym yr Ysbryd. Nid huodledd na rhesymeg meidrol a'u perswadiodd oherwydd gyda gwendid a chryndod mawr y daeth Paul i'w mysg. Ond grym yr Ysbryd yn y pregethu ac ym meddyliau y bobl a'u perswadiodd. Y grym a effeithiodd dröedigaeth yn eu bywydau.

CYMHWYSO

Perygl mawr rhai o'r Corinthiaid oedd tybio eu bod yn rhyw fath o 'super Christians' am eu bod wedi profi grym yr Ysbryd a'u bod yn meddu ar ddoethineb a huodledd anghyffredin.

Neges fawr Paul yn y rhan hon yw pwysleisio nad clyfrwch dynion yw'r rheswm eu bod yn Gristnogion ond neges "ffolineb" a "gwendid" y groes y mae'r Ysbryd Glân yn ei ddefnyddio i oleuo eu meddwl a newid eu bywydau.

Iddo fo mae'r pwyslais ar rym yr Ysbryd yn newid bywydau pobl, yn trawsffurfio eu hymarweddiad ac yn eu galluogi nid i ddianc o'r oes bresennol ond yn eu galluogi i fyw ynddi. Neges y groes, sy'n ffolineb i'r doethion, yw grym achubol Duw ar waith. Canoli sylw ar y gwaith hwnnw y mae'r Ysbryd bob amser.

Felly, gellir dweud yn gwbl briodol mai "nerth Duw" yw'r groes – efengyl y cymod trwy Grist y daw'r Ysbryd â hi i ddylanwadau ar fywydau pobl.

TRAFOD

• "Grym yr Ysbryd yw gwendid y groes". I ba raddau mae'r ymadrodd hwn yn crisialu neges Paul yma?

• Nid tynnu sylw ato ef ei hun y mae'r Ysbryd, ond hoelio ein sylw ar Grist a'i waith.

• Ym mha ffordd y mae'r Ysbryd yn "goleuo'r meddwl"?

32. Adnabod yr Ysbryd – Doethineb Duw
1 Corinthiaid 2:6 - 16

CRYNHOI

Gwendid mawr rhai o'r Corinthiaid oedd y ffaith eu bod wedi eu cyfareddu gan ddoethineb a rhethreg Groegaidd i'r fath raddau nes eu bod yn ystyried awdurdod Paul yn annilys a'i neges am y groes yn ddim namyn llaeth i blant bach. Ganddynt hwy "y rhai ysbrydol" (Groeg: *pneumatikoi*) roedd y bwyd cadarn. Mewn tri paragraff deifiol mae Paul yn ateb mewn tri phwynt sylfaenol:

- Yn adn. 6-10a mynegir natur doethineb Duw yn nhermau gwrthgyferbyniad rhwng y rhai sy'n ei derbyn a'r rhai na allant ei derbyn. Nid adnabu gwybodusion yr oes ddoethineb Duw neu ni fyddent wedi croeshoelio Iesu. Ond y rhyfeddod yw fod Duw wedi ei ddatguddio i ni. Daw'r dyfyniad o Eseia 64:4 i gadarnhau'r pwynt.
- Cawn rannu yn y dirgelwch hwn trwy rym yr Ysbryd (adn. 10b – 13) sy'n adnabod meddwl Duw ei hun ac wedi datguddio'r meddwl hwnnw i ni.
- Cadarnheir hyn ymhellach yn adn. 14-16 trwy wahaniaethu rhwng pobl "naturiol" a phobl "ysbrydol". Y mae pobl yr oes hon yn ceisio doethineb ac yn ystyried y groes yn "ffoliniab" llwyr ac am hynny yn amddifad o Ysbryd Duw. Ni allant ddeall gwir ddoethineb (adn. 14) na rhoi barn gytbwys (adn. 15). Dyfynnir o Eseia 40:13 er mwyn profi pam nad yw rhai pobl yn deall a pham bod eraill yn derbyn.
- Dealltwriaeth Crist ei hun o arwyddocâd ei waith achubol fel y datguddiwyd hwnnw gan yr Ysbryd sydd ganddo mewn golwg gyda'r ymadrodd "meddwl Crist." Mae'r gair "meddwl" yn nyfyniad Paul o'r Beibl Groeg yn gyfieithiad o'r gair *ruach*, sef y gair Hebraeg am "ysbryd". Iddo fo mae'r Ysbryd yn fynegiant o feddwl Duw.

Cawn ddarlun o Eglwys felly sy'n llawn o ddoniau ysbrydol, yn cynnys doethineb, gwybodaeth a llefaru â thafodau ac eto wedi ei rhwygo gan ymbleidio cecrus. Etyb Paul hwy trwy bwysleisio fod doethineb dwyfol i'w weld yn bennaf oll yng nghroes Crist. Neges a bregethwyd yn eu plith nid gyda chlyfrwch ymadrodd ond yn nerth yr Ysbryd. Yr Ysbryd hwn sy'n cyfleu meddyliau dwyfol ac yn rhoi dealltwriaeth i'r gwrandawyr i dderbyn ac ymateb i'r neges honno am y groes.

Gwrthgyferbynnir dwy deyrnas, teyrnas y dyn naturiol (Groeg: *psuchikoi*) – yr un sydd wedi methu nabod grym yr Ysbryd, a theyrnas y dyn ysbrydol (Groeg: *pneumatikoi*) sydd wedi derbyn goleuni'r Ysbryd. Roedd llawer o'r rhai yng Nghorinth a dybiodd eu hunain ymhlith y "rhai ysbrydol" oherwydd eu gwybodaeth yn wir yn parhau mewn anwybodaeth ac ymhlith y "rhai naturiol".

Yr allwedd i fod ymhlith y rhai ysbrydol yw neges y groes a chanlyniad ei derbyn yw cael perthyn i'r oes newydd a rhannu "ym meddwl Crist." Y gwir Gristion yw'r un sydd wedi derbyn gwirionedd doethineb Duw yng nghroes Crist. Gwrthod hynny y mae'r oes bresennol ac felly daw o dan farn Duw. Y mae'r rhai sy'n meddu "meddwl Crist" yn deall gweithredu Duw am eu bod wedi derbyn datguddiad gan yr Ysbryd. Gwendid mawr y Corinthiaid yw eu bod yn meddu'r Ysbryd ond yn ymddwyn fel pobl yr oes bresennol ("naturiol") sy'n dirmygu neges y groes.

CYMHWYSO

Dysgwn nifer o bethau sylfaenol am yr Ysbryd yma:

- mae'r Ysbryd yn **Berson** yn ei hawl ei hun a daw oddi wrth Dduw. Trwy ddefnyddio'r gyffelybiaeth gyda'r ysbryd sydd mewn dyn, dywed Paul fod yr Ysbryd Glân yn fynegiant o hanfod y duwdod ei hun. Eto, y mae yn wahanol i'r Tad ac i'r Mab.
- Yn ei berthynas â ni mae'r Ysbryd yn **datguddio** (adn. 10 -11) Crist i ni ac felly yn ein...
- **dysgu** (adn.12,13) yn ffordd Duw a Christ – **ffordd y groes**.
- Ef yw ffynhonnell grym y **ffordd Gristnogol o fyw** a gyfleir yma ac yn arbennig iawn yn Philipiaid 2:5-11 lle'r eglurir yn llawnach ystyr yr ymadrodd "meddwl Crist".

TRAFOD

- Ym mha fodd mae'r Ysbryd yn dymchwel "doethineb y byd" hwn?
- A ydych yn ymwybodol fod yr Ysbryd Glân ar waith yn eich eglwys ac yn eich bywydau?

- Beth a olygir wrth y "rhai ysbrydol" a'r "rhai naturiol" yma?

- Edrychwch Philipiaid 2:5-11 ac ystyriwch beth yw hanfod yr ymadrodd "meddwl Crist".

33. Adnabod yr Ysbryd – Teml Duw
1 Corinthiaid 3:10-17

CRYNHOI
Dyma afael yn y pwynt olaf y wers flaenorol, sef bod yr Ysbryd yn cynhyrchu ffordd arbennig o fyw ymhlith pobl Dduw.

Yr oedd "doethineb bydol" y Corinthiaid wedi esgor ar ddau gamddealltwriaeth yn eu plith: am natur Efengyl y groes ac ynglŷn â'r eglwys a'i gweinidogaeth. Troi i ddelio gyda'r ail y mae Paul yn y bennod hon.

Adeilad Duw yw'r Eglwys wedi ei godi ar sylfaen Iesu Grist (ac yntau wedi ei groeshoelio). Wedi mopio'u pennau gyda "doethineb fydol" oedd y Corinthiaid ac felly mewn perygl o geisio adeiladu ar sylfaen wahanol fyddai yn ddiwerth yn nydd y Farn.

Mae'r gwirionedd syfrdanol sydd ganddo i ddysgu iddynt yn ddeublyg:

- Hwy yw Teml Duw. Mae'r eglwys leol hon yng Nghorinth yn deml y Duw byw. Nid unrhyw fath o gymdeithas ydyw, ond un lle mae Duw yn bresennol ymhlith ei bobl. Y gair mae'n ei ddefnyddio am deml (Groeg: *naos*) yw'r gair am y cysegr sancteiddiol ei hun; y man lle mae Duw yn preswylio. Yn nhraddodiad Israel daeth y presenoldeb hwnnw i olygu y lle mae Ysbryd Duw yn trigo. Nid y Gyfraith, nac enwaediad, na chadw'r Sabath, ond presenoldeb Duw yn y deml sy'n gwneud y bobl yma yn wahanol i bawb arall. Y mae'r eglwys leol hon yng Nghorinth yn etifedd y presenoldeb rhyfeddol hwn. Yn wahanol i'r HD, dywed Paul mai'r gymuned leol hon yw teml Duw am fod Ysbryd Duw yn preswylio yn yr aelodau ac yn eu cymdeithas. Un wir deml sydd yng Nghorinth baganaidd i gyd, a hwy fel pobl a chymdeithas yw honno, am mai ynddynt hwy y mae Ysbryd Duw yn trigo.

- Trwyddynt hwy felly yr oedd Duw yn gwneud ei bresenoldeb yng Nghorinth yn amlwg. Am hynny, does dim lle i'r math o anfoesoldeb oedd yn rhemp yn y ddinas – balchder, eiddigedd, rhwygiadau ac anfoesoldeb rhywiol – yn eu plith. Yn hytrach, yr oeddent hwy trwy'r Ysbryd yn cynnig cymdeithas wahanol Duw yng Nghorinth wedi ei nodweddu gan burdeb, trugaredd, maddeuant a chariad. Mae teml Duw yn sanctaidd "a chwi yw'r deml honno."

• Yr oedd eu hymraniadau oherwydd "doethineb bydol" yn bygwth yr eglwys yn y ddinas honno. Rhaid cymryd yr eglwys leol o ddifrif.

Yr un neges a gyfleir yn 2 Corinthiaid 6:14 – 7:1 gyda'r anogaeth ar y diwedd i ymlanhau "oddi wrth bob peth sy'n halogi cnawd ac ysbryd, gan berffeithio ein sancteiddrwydd yn ofn Duw." Ymddengys bod y camddehongli ar neges Paul wedi arwain rhywrai i lacrwydd moesol ac i ymbleidio a checru. Y mae geiriau Paul yma yn rhybudd amserol iddynt.

CYMHWYSO

Un o anghenion pennaf yr eglwys yw ailddarganfod yr hyn ydyw trwy ras Duw – preswylfan yr Ysbryd Glân. A thrwy hynny, ailddarganfod beth yw bwriad Duw ar ei chyfer. Sylweddoli mai hi yw teml Duw yn lleol ac felly yn gweithredu fel cymuned sanctaidd Duw yn y byd paganaidd o'i chwmpas.

Golyga hynny bod ei haelodau yn byw yn deilwng o'u galwad ac yn amlygu meddwl Crist yn eu bywydau. D'oes dim lle i'r math o anfoesoldeb a checru oedd yn amlwg yng Nghorinth. Nid yn unig mae'r eglwys yn deml yr Ysbryd, ond yn nealltwriaeth ddeinamig Paul mae pob Cristion yn deml yr Ysbryd hefyd. Ffaith a eglurir yn llawnach yn 2 Corinthiaid 6:14 – 7:1. "Byddwch sanctaidd ... canys sanctaidd ydwyf fi."

Rhaid iddi ailddarganfod mai un sylfaen sydd iddi, un Arglwydd sydd arni, un rheol sy'n ei llywodraethu – croes Iesu Grist yw honno.

TRAFOD

• I ba raddau mae eich eglwys chi yn deml i'r Ysbryd?

• Bod yn eglwys Dduw yn ein cymunedau lleol yw galwad fawr yr eglwys heddiw. A ydym yn ymwybodol o'r fraint a'r cyfrifoldeb aruthrol hwn?

• A yw ymrannu mewn eglwys yn dymchwel teml Duw?

• Gan mai ystyr yr enw Ysbyrd Glân yw Ysbryd Sanctaidd a'i fod yn trigo nid yn unig yn yr Eglwys ond yn nheml ein cnawd ninnau, beth yw oblygiadau hynny i ni?

34. Adnabod yr Ysbryd – Ysbryd Doniau(1)
1 Corinthiaid 12:1-11

CRYNHOI

Dyma'r darn hiraf o ddigon am yr Ysbryd yn holl lythyrau Paul. Wedi sôn am wir sylfaen yr Eglwys (y Crist croeshoeliedig a ganfyddir trwy rym yr Ysbryd) a'r grym hwnnw ar waith yn y gymuned leol, troes Paul o'r wythfed bennod ymlaen i fanylu am faterion yn ymwneud ag addoliad ac eilunaddoliaeth. Yn awr, try ei sylw at ddoniau'r Ysbryd oedd yn amlwg ar waith yn yr eglwys hon.

Mae'r adn.1-3 yn hynod o anodd ond mae un peth yn glir. Pwy bynnag sy'n bychanu enw Iesu Grist yn yr eglwys nid oes lle iddo oddi fewn i'r gymuned. Nid yw'n gwbl amlwg a oedd rhai yng Nghorinth wedi gwneud hynny ai peidio. Ond fel yr awgrymwyd eisoes yr oedd rhywrai yno yn ystyried croes Crist yn ysgafn ac efallai mai dyna sydd gan Paul mewn golwg. Cywiro eu dealltwriaeth o "bethau'r Ysbryd" yw ei amcan.

Dechreuodd ar y cywiro hwn trwy eu hatgoffa am eu gorffennol paganaidd – oedd o bosib yn cynnwys profiadau o ecstasi ysbrydol neu lefaru â thafodau. Ond mud yw'r eilunod o'u cymharu ag Ysbryd Duw. Felly, nid yw "tafodau" o angenrheidrwydd yn brawf o ysbrydoliaeth gan Ysbryd Duw. Oherwydd gall yr ysbrydoedd hynny felltithio Crist. Dim ond yr Ysbryd Glân sy'n cyffesu mai "Iesu yw'r Arglwydd."

Yr oedd yr ymadrodd olaf yma yn un o gyffesion cynnar yr eglwys fore, ond yn y cyd-destun hwn o brofi grym yr Ysbryd y mae Paul am bwysleisio mai pwrpas yr Ysbryd yw dyrchafu Iesu yn Arglwydd. Nid yw'r Ysbryd yn tynnu sylw ato'i hun nac yn bychanu Iesu.

Gan fod Crist yn Arglwydd ar fywyd yn ei gyfanrwydd mae'r doniau neu'r rhoddion y mae'n ei roi i'r eglwys yn amrywiol iawn. Yr hyn sy'n bwysig sylwi arno yw mai doniau Duw y Drindod ydynt:

"Amrywiaeth doniau" ond yr un Ysbryd
"Amrywiaeth gweinidogaethau" ond yr un Arglwydd
"Amrywiaeth gweithrediadau" ond yr un Duw sy'n gweithio pob peth ym mhawb.

Daw un peth i'r amlwg, sef bod amrywiaeth ac nid unffurfiaeth o ddoniau ar waith mewn eglwys iach. Mae'r cyfan yn deillio oddi wrth yr Un Duw sy'n drindod mewn undod. Rhoddion Duw yw'r cyfan "er lles pawb" – dyma bwyslais hanfodol Paul yma.

Defnyddir y gair "doniau" (Groeg: *charismata*) yn y fan hon a cheisir eu rhestru: "llefaru doethineb" – cyfeiriad efallai at y thema yn y wers flaenorol, sef neges doethineb Duw am groes Crist; "llefaru gwybodaeth" – yn debyg i'r cyntaf, yn cyfeirio efallai at ddealltwriaeth o Air Duw; "ffydd" – rhodd arall yr Ysbryd sy'n gyfrwng i ddod a'r pechadur i gredu; "doniau iachau" a "gwneud gwyrthiau" – ill dau yn ddoniau arbennig yr Ysbryd ond nid yn bethau parhaol gan iddynt gael eu rhoi ar amgylchiad neilltuol; "proffwydo" – llefaru gair ysbrydoledig oddi wrth Dduw yn y gynulleidfa er mwyn adeiladaeth ac anogaeth; "gwahaniaethu rhwng ysbrydoedd" – efallai yn cyfeirio at brofi'r ysbrydion i weld a ydynt o Dduw; "tafodau" a "dehongli tafodau" – "glosolalia" yw'r term am lefaru â thafodau oedd yn digwydd yn lled gyffredin yn yr Eglwys Fore.

Er bod amrywiaeth doniau, un Ysbryd sydd yn eu rhoi i bob un yn unigol yn ôl ei ewyllys. Mae'r ymadrodd "yn ôl ei ewyllys" yn brawf fod gan yr Ysbryd ei bersonoliaeth ef ei hun. Yn wir, "mae'r Ysbryd yn chwythu lle y mynno" (Ioan 3:8).

CYMHWYSO

Er bod amrywiaeth doniau yn yr eglwys ac amrywiaeth gweinidogaethau mae'n bwysig cofio mai rhoddion Duw ydynt trwy ei Ysbryd. Nid yw'r doniau hyn ychwaith yn dibrisio neu yn disodli Crist o'i briod le fel Arglwydd yr Eglwys.

Cwestiwn anoddach ei ateb yw a ddylid ceisio a meithrin y doniau hyn yn yr eglwys heddiw. Ers tua 1950 ymlaen fe gafwyd pwyslais mawr ar y "charismata" hyn ymysg rhai eglwysi Protestannaidd a Phabyddol a beirniadwyd y gweddill am fod mor negyddol eu beirniadaeth ohonynt. Amheuaf a yw'r feirniadaeth yn deg. Ambell waith rhoddir yr argraff nad yw eglwys yn gyflawn heb amlygiad o'r doniau hyn. Dro arall gwahaniaethir rhwng Cristion a Christion yn ôl y doniau y maent yn ei amlygu yn eu bywydau. Heb amheuaeth dyma'r math o beth yr oedd Paul yn ceisio ei osgoi.

Yr un pryd, mae lle i'r eglwysi traddodiadol gydnabod amrywiaeth doniau'r Ysbryd ac amrywiaeth gweinidogaethau sy'n deillio'n uniongyrchol o gydnabod bod Crist yn Arglwydd ac yn rhannu ei roddion yn ôl ei ddymuniad.

TRAFOD

- A ddylid ceisio meithrin mwy ar ddoniau'r Ysbryd oddi mewn i'n heglwysi?

- Oes gan y traddodiad Carismataidd rywbeth i'w ddysgu i ni yn yr eglwysi traddodiadol? Oes gennym ni rywbeth i ddysgu iddynt hwy? Os oes, beth?

35. Adnabod yr Ysbryd – Ysbryd Doniau(2)
1 Corinthiaid 12:12-31

CRYNHOI
Eglureb sydd yma yn darlunio'r hyn y bu'n ei ddysgu yn yr adran flaenorol. Daw'r darlun o'r corff a'i holl aelodau o'r Hen Fyd, ond mae angen gofal wrth gymhwyso darlun o'r fath at sefyllfa arbennig. Mae tri phen i'r ddadl:

• Adn. 12-14. Fel y mae i'r corff aelodau lawer ond maent i gyd yn un, felly hefyd Crist. Prif bwrpas Paul yma yw nid dangos bod y corff yn un er bod iddo aelodau lawer, ond i'r gwrthwyneb, fel y dengys adn. 14, ei amcan yw pwysleisio'r angen am amrywiaeth cyfoethog oherwydd eu bod yn un corff. Sail eu hundod yw'r bedydd – yr un Ysbryd i'w yfed. Ond nid yw hynny yn eu gwneud yn un aelod, - i'r gwrthwyneb aelodau lawer ydynt o'r un corff. Yr allwedd i'w hundod ac i'w hamrywiaeth yw grym yr Ysbryd.

• I brofi ei bwynt ymhellach mae'n datblygu'r eglureb trwy ddweud nad yw pob aelod yr un fath. Gwendid y Corinthiaid oedd eu bod wedi dyrchafu "tafodau" uwchlaw pob dawn arall, yn wir, fe ymddengys mai honno yn unig oedd yn cyfrif yn eu plith. Ateb Paul yw pwysleisio'r amrywiaeth.

• Bu dadlau ynglŷn ag adn. 13 oherwydd ei bod yn ymddangos fel pe bai yn awgrymu bod bedydd ac yfed o'r Ysbryd yn ddau beth ar wahân. Nid yw'r cyd-destun yn cefnogi hynny, fodd bynnag, oherwydd amcan Paul yw pwysleisio undod Cristnogion ar sail derbyn yr Ysbryd Glân pan ddaethant yn Gristnogion.

• Datblygir y darlun ymhellach i ddysgu nad oes un aelod o'r corff yn bwysicach na'r llall. D'oes dim un Cristion yn rhagorach na'r llall oherwydd rhyw ddawn arbennig sydd ganddo/i. Yn wir, mae'n ddyletswydd ar Gristnogion i fod â gofal am ei gilydd fel y dywedir yn adn. 26: "Os bydd un aelod yn dioddef, y mae pob aelod yn dioddef..." Dyma weithredu ar yr undod mewn amrywiaeth.

• Dychwelir at y pwrpas gwreiddiol yn adn. 27 trwy gymhwyso'r ddelwedd at yr eglwys yng Nghorinth. Y maent yn rhinwedd eu perthynas gyffredin yng Nghrist trwy'r Ysbryd yn un corff, ond yn aelodau lawer gydag amrywiol ddoniau. Yn adn. 28 rhestrir y gwahanol weinidogaethau ond y tro hwn yn ôl blaenoriaeth. Apostol yn gyntaf, proffwydi wedyn, athrawon wedyn, ac yna gwyrthiau a doniau iachau ac yn y blaen. Ond er bod blaenoriaeth i rai gweinidogaethau yr hyn sy'n bwysig yw'r amrywiaeth doniau yn yr un corff.

CYMHWYSO

Mae'n ddyletswydd ar yr eglwys i geisio lles pawb trwy gynnal amrywiaeth doniau mewn un eglwys. Nid yw'r Ysbryd yn ymrannu; mae'n hyrwyddo buddiannau ac adeiladaeth eraill oherwydd ei fod yn gyffredin i bawb ac yn gwneud y llawer yn un corff.

Mae'n bwysig bod yr eglwys yn cydnabod amrywiaeth gweinidogaethau'r Ysbryd o'i mewn ac yn cydnabod blaenoriaeth y rhai hanfodol. Mae rhai traddodiadau wedi pwysleisio pwysigrwydd pregethu ac addysgu, ond ychydig o sôn am ddoniau eraill a geir, tra bo eraill wedi dyrchafu doniau fel llefaru â thafodau neu gwasanaethu. Mae'r cyfan yn rhoddion yr Ysbryd ac rhan o undod y corff.

TRAFOD

- Dywedir ambell waith bod ymraniadau mewn eglwysi yn arwydd o fywyd yr Ysbryd. Yng ngoleuni'r uchod a yw hyn yn wir?
- A ydym yn cydnabod amrywiaeth doniau yn ein heglwysi?

36. Adnabod yr Ysbryd – Ysbryd Cariad
1 Corinthiaid 13

CRYNHOI
Yr unig gyd-destun priodol i ddoniau'r Ysbryd, beth bynnag ydynt, yw cariad. Dyma osod y sêl a'r brwdfrydedd oedd gan y Corinthiaid yn erbyn cefndir ehangach bywyd y gymuned Gristnogol. Er eu bod yn pwysleisio llefaru â thafodau, eto maent yn goddef anfoesoldeb rhywiol, trachwant ac eilunaddoliad. Mae'r allanolion crefyddol (asgetiaeth, gwybodaeth a thafodau) ganddynt, ond maent yn amddifad o'r foesoldeb Gristnogol sy'n cael ei mynegiant uchaf mewn cariad. I Paul yr oedd ysbrydoledd yn sicr yn golygu bod yn llawn o'r Ysbryd Glân, ond yr oedd hefyd yn golygu ymddwyn yn sanctaidd ac mewn cariad.

Mae'r frawddeg gyntaf un yn mynegi pwrpas yr holl ddadl. Yr oedd y Corinthiaid yn tybied eu bod yn llefaru nid yn unig â thafodau dynion, ond hefyd angylion. Yr oedd cred lled gyffredin ymhlith rhai bod gan yr angylion eu hiaith eu hunain – "iaith y nefoedd." Ymddengys bod rhai o'r Corinthiaid yn credu eu bod wedi cyrraedd rhyw gyflwr tebyg i angylion ac nid oedd angen poeni am ryw na'r corff. Felly, yr oeddent yn rhoi gwerth mawr iawn ar y ddawn o lefaru mewn tafodau, ond ofer yw'r holl ddoniau heb y ddawn fwyaf un - cariad.

Mae'n bosibl fod yr "efydd swnllyd" a'r "symbalau aflafar" yn cyfeirio at wagedd addoli delwau gan eu bod yn cael eu defnyddio yn y cyltiau addoli eilunod.

Adlewyrchu cymeriad Duw ei hun y mae cariad (Groeg: *agape*) ac felly nid yw'n anghyson nac yn darfod. Er bod y doniau eraill yn rhoddion Duw, ar gyfer yr oes bresennol yn unig y maent, tra bydd cariad yn para am byth.

Yn y byd hwn hefyd rhannol fydd ein gwybodaeth ac anghyflawn ein proffwydo hyd nes daw dydd Crist. Bydd y doniau hyn yn para tan y daw Crist eilwaith. Dyma ergyd y syniad o blentyn yn tyfu'n ddyn. Nid rhoi heibio'r doniau wrth aeddfedu fel Cristion y mae, ond plant fyddwn i gyd nes daw'r Diwedd. Wedyn y daw'r aeddfedrwydd pan ddiflanna'r oes bresennol, oherwydd bydd y cyflawnder wedi dod.

Bu cryn ddadlau am yr "Yn awr" yn adn. 12. Ai casgliad y ddadl ydyw neu a yw'n rhan o'r gwrthgyferbyniad â'r "ond yna". Tebygol iawn bod gan Paul wrthgyferbyniad yn ei feddwl rhwng y byd hwn a'r byd a ddaw. Yn y byd hwn gweld mewn drych yn aneglur y byddwn – nid oedd drychau'r oes honno yn debyg i'n drychau ni – ond pan ddaw'r cyflawnder ni fydd angen drych gan y byddwn yn gweld wyneb yn wyneb

Yn y cyflawnder hwnnw bydd tri pheth yn aros: ffydd, gobaith, cariad. Yn ddisymwth daeth dau rinwedd arall i'r golwg. Mae'r tri efo'i gilydd yn cwmpasu'r holl brofiad Cristnogol o fyw yn y byd hwn o dan arweiniad yr Ysbryd. Ffydd yn Nuw a'i faddeuant yn eu derbyn yn haeddiant Crist, er nad ydynt yn ei weld; gobaith yn yr etifeddiaeth sydd yng nghadw iddynt trwy Atgyfodiad Crist a rhodd yr Ysbryd. Disgwyliant am gael gweld Duw "wyneb yn wyneb". Cariad yn gwlwm cyson rhyngddynt am mai rhodd yr Ysbryd yw. Bydd y tri hyn yn para y tu draw i'r presennol

CYMHWYSO

Cariad Duw yw sail ein cariad tuag at ein cymydog. Gellir gwahaniaethu rhyngddynt ond ni ellir eu gwahanu.

Gall eglwys feddu doniau lu ond os yw'n amddifad o gariad eglwys dlawd yw.

TRAFOD

- Pam nad yw cariad byth yn darfod?

- Beth sy'n gwneud cariad yn wahanol i'r doniau ysbrydol eraill?

- Ffydd, gobaith, cariad. Manylwch ychydig ar ystyr y tri.

37. Adnabod y Ysbryd – Ysbryd Adeiladaeth
1 Corinthiaid 14:1-33 (neu 1-6 a 20-33)

CRYNHOI
Mae'r paragraff agoriadol yn gosod y thema: holl bwrpas y doniau ysbrydol yw adeiladu'r eglwys. Os nad oes adeiladaeth i'r aelodau yn deillio ohonynt nid oes unrhyw gyfiawnhad o gwbl dros eu harfer. Yr oedd y Corinthiaid wedi mynd dros ben llestri'n llwyr gyda llefaru mewn tafodau gan esgeuluso pethau pwysicach fel cariad tuag at ei gilydd.

Gan ailafael yn ei ddadl ar ddiwedd pennod 12, "rhowch eich bryd ar y doniau gorau," â Paul rhagddo ar ddechrau'r bennod hon i nodi pa ddoniau ysbrydol y dylent eu ceisio. Dawn bwysicach o lawer na'r ddawn i lefaru â thafodau yw dawn proffwydo. Dawn y mae modd ei deall gan eraill, ac oherwydd hynny yn ddawn sy'n adeiladu pobl yn y ffydd.

Gwendid llefaru â thafodau yw ei bod yn annealladwy ac am hynny nid yw'n adeiladu'r saint nac yn troi'r pechadur. Nod y proffwydo yw "adeiladu, calonogi a chysuro"; nid yw llefaru â thafodau yn cyflawni dim o'r amcanion aruchel hyn. Mae'n bosibl bod y sawl sydd yn llefaru â thafodau yn derbyn bendith bersonol, ond nid yw o werth i'r gymuned gyfan.

Yn sicr, wrth ddyrchafu proffwydo yr oedd Paul yn ystyried bod pregethu a hyfforddi yn llawer pwysicach i iechyd eglwys na'r doniau eraill. Y mae ei bwyslais ar gyflwyno'r neges yn glir a dealladwy yn rhybudd priodol yn ei oes ei hun ac yn berthnasol i bob oes. Yn arbennig felly, os yw'r genhadaeth yn mynd i lwyddo. Dyma bwyslais adn. 23/24. Pan ddaw anghrediniwr i mewn i gynulliad yr eglwys mae'n allweddol ei fod yn deall beth sy'n digwydd. Yn wir, gall hynny beri iddo ddod i gredu.

Yn adn. 26-33 ceir darlun diddorol o'r eglwys wrth ei gwaith yn addoli. Nid un person sy'n arwain ond amryw ohonynt; pob un a'i salm, ei athrawiaeth, ei ddatguddiad, tafodau a'u dehongliad. Mae'n ddarlun trawiadol. Cymaint oedd y gweithgarwch fel yr oeddent yn baglu dros ei gilydd i gyfrannu i'r addoliad! Dim syndod o gwbl i Paul ddweud wrthynt am wneud popeth mewn trefn – "Nid Duw anhrefn yw Duw, ond Duw heddwch."

Calon dadl Paul yma yw'r angen i adeiladu'r eglwysi lleol yn eu ffydd trwy feithrin y doniau angenrheidiol i wneud hynny. Mae meithrin doniau i agor y Gair ac i hyfforddi pobl ynddo yn waith na all yr eglwys ei esgeuluso yn unrhyw oes. Mae'r addoliad, medd Paul wrth y Rhufeiniaid, yn fater o adael i "Dduw eich trawsffurfio trwy adnewyddu eich meddyliau." Yr un pwyslais a geir yma.

CYMHWYSO

Mae'r darlun hwn o'r eglwys yng Nghorinth yn batrwm i ninnau heddiw am bethau y dylem eu gwneud ynghyd â nifer o bethau y dylem eu hosgoi!

- Dylem ddyrchafu'r doniau a'r grasusau sy'n ddealladwy – hyfforddi, dysgu a phregethu.

- Dylem ddyrchafu'r doniau sy'n dyfnhau ffydd, gobaith a chariad.

- Dylem osgoi'r doniau nad oes modd eu deall ac nid ydynt yn adeiladu'r eglwys.

- Dylem gydnabod llawer mwy ar y doniau mae'r Ysbryd yn ei roi i bob aelod.

- Dylai gweinidogion yr eglwysi ymdrechu i "berffeithio'r saint i waith gweinidogaeth" gan fod gan bob Cristion ddiddordeb uniongyrchol yn y gwaith o gyhoeddi'r Gair ac o adeiladu'r eglwys.

- Dylai pob aelod gael cyfle i roi ei gyfraniad mewn addoliad a gwasanaeth am eu bod hwythau yn rhan o gorff Crist (h.y. yn weinidogion i Grist).

TRAFOD

- A ddylem weddïo am adnewyddu Ysbryd proffwydol ein heglwysi?

- A ydym yn rhoi cyfle i ddoniau'r Ysbryd amlygu eu hunain yn ein haddoliad fel eglwysi?

- Pa mor gysurus fyddech chi yn addoli yn Eglwys Corinth?

38. Adnabod yr Ysbryd – Atgyfodiad y Meirw
1 Corinthiaid 15:42-49

CRYNHOI
Dechreuodd Paul ei lythyr cyntaf at y Corinthiaid trwy ddangos y berthynas rhwng yr Ysbryd Glân a'r groes, terfyna'r llythyr trwy ddangos y berthynas rhwng yr Ysbryd Glân a'r Atgyfodiad.

Ymddengys bod rhai yng Nghorinth yn gwadu y byddai atgyfodiad yn y dyfodol i'r Cristnogion oedd wedi marw. Efallai, bod â wnelo'r gwadiad hwn â chred nad yw'r corff meidrol yn cael ei achub neu bod iddo unrhyw arwyddocâd o gwbl yng ngwaith y waredigaeth. Gwir dynged y Cristion yn ôl y rhain yw mwynhau undeb ysbrydol gyda'r Ysbryd yn awr ac anghofio am y cyflawniad terfynol yn y dyfodol eschatolegol.

Ateb Paul yw fod Crist wedi ei gyfodi y trydydd dydd yn ôl yr Ysgrythurau, a'i ddyrchafu i fod yn ffynhonnell bywyd newydd i'r rhai wedi eu huno ag ef. Bydd y bywyd newydd hwn yn gorfforol yn ogystal ac yn ysbrydol ac yn yr Atgyfodiad terfynol bydd gan y Cristion gorff nid o gig a gwaed fel sydd ganddo yn awr ond 'corff ysbrydol'. Darlunnir y 'corff ysbrydol' hwn yn ei berthynas i'r corff presennol yn nhermau perthynas planhigyn i'r hedyn y tyfodd ohono. Bydd rhai pethau yn debyg, ond bydd eraill yn gwbl newydd. Os nad oes Atgyfodiad y meirw nid yw Crist wedi ei gyfodi ac yr ydym yn para yng nghaethiwed pechod.

Gyda hynny o gefndir, daw Paul at uchafbwynt ei ddadl sy'n esbonio swyddogaeth yr Ysbryd yn yr Atgyfodiad. Eto, cyflwynir gwrthgyferbyniad rhwng corff meidrolion sy'n rhan o'r byd naturiol a'r corff meidrol wedi iddo gael ei drawsffurfio gan rym atgyfodiad Crist – ei 'gorff ysbrydol'. Ychwanegir gwrthgyferbyniad pellach rhwng y dyn cyntaf Adda nad oedd yn ddim namyn "bod byw" (Genesis 2:7) a Christ yr Ail Adda sydd nid yn unig yn "fod byw" ond yn "ysbryd sy'n rhoi bywyd."

Mae'r darn yn ein harwain i ddealltwriaeth newydd Paul o waith yr Ysbryd. Mae'r gwrthgyferbyniadau yn amlwg: corff anianol/naturiol a chorff ysbrydol; un yn debyg i Adda a'r llall yn debyg i Grist; un o'r llwch a'r llall o'r nef. Crist yw'r gwaredwr 'o'r nef' ac felly ef yw cyfryngwr yr Ysbryd Glân i bobl. Yn y fan hon yr oedd rhai o'r Corinthiaid yn ôl pob tebyg wedi camddehongli natur cyfryngdod Crist gan dybio nad oedd a wnelo'r atgyfodiad unrhyw beth â'r cnawd a'r byd materol. Gwaredwr 'ysbrydol' oedd Crist yn llwyr.

Ateb Paul yw nodi mai y Crist hwn o'r nef yw'r un a fu farw mewn gwendid cnawd, wedi cyfranogi yn yr holl natur ddynol. Yr Iesu hwn a gyfodwyd ac a ddaeth yn un "sy'n rhoi bywyd." Os oedd y groes yn un o gerrig sylfaen yr Efengyl, dyma'r garreg arall. Grym y Crist nefol, yr un a groeshoeliwyd ac a gyfodwyd, yw grym yr Ysbryd Glân sydd ar waith ynddynt hwy. Os yw'r Ysbryd hwnnw gennym fel "ernes" gallwn ddweud bod y bywyd newydd gennym yn awr, ond ni ddaw i'w gyflawnaid hyd nes yr atgyfodiad terfynol.

Bu dadlau brwd am yr ymadrodd "y dyn o'r nef," gyda rhai yn gweld cyfeiriad yma at ddylanwad dysgawdwyr 'gnosticaidd' oedd yn dibrisio'r materol ar draul yr ysbrydol oherwydd dylanwad athroniaeth Blatonaidd. Beth bynnag oedd yn aflonyddu ar y Corinthiaid mae Paul yn eu cywiro trwy bwysleisio mai dod mewn cnawd a marw ar groes a wnaeth Crist a hyn sy'n ei alluogi i fod yn gyfryngwr y bywyd newydd i'w bobl trwy'r Ysbryd Glân.

CYMHWYSO

Crist yw'r allwedd i ddeall grym yr Ysbryd yn yr Atgyfodiad. Nid oes osgoi mai oherwydd ei farwolaeth ef ei hun ar y groes yn ein natur ni y cafodd ei gyfodi. Bellach y mae'n eistedd ar ddeheulaw Duw yn ein natur ni. Mae'r gwirionedd hwn yn hanfodol bwysig i ni ei gofio. Y mae ein hatgyfodiad ninnau yn dibynnu ar atgyfodiad Crist. Nid rhyw broses naturiol fel blodau yn tyfu o had ac yn dod i'w llawn brydferthwch hardd maes o law yw'r atgyfodiad. Gwaith nerthol Duw ydyw wedi ei wreiddio yn y fuddugoliaeth dros bechod. Nid enghraifft o'r Gwanwyn yn gorchfygu'r Gaeaf yn nhrefn naturiol y tymhorau sydd yma, ond gwyrth ymyrraeth Duw ei hun.

Nid rhywbeth yn y dyfodol pell yw'r atgyfodiad ond rhywbeth sydd wedi dechrau eisoes oherwydd bod Crist wedi ei gyfodi yn "flaenffrwyth y rhai sydd wedi huno" (15:20). Nid yw hynny yn bychanu am ennyd ein bod i gyd yn byw o dan gysgod marwolaeth, ond mae gan Gristnogion addewid gadarn fod angau eisoes wedi ei drechu ac ni chawn ddioddef ei frath gwenwynig. Yn y cyswllt hwn mae gwaith yr Ysbryd yn adnewyddu ei greadigaeth gan gynnwys pobl yn allweddol i'r gobaith sydd gennym yn wyneb marwolaeth. Condemniwyd pawb i farw unwaith, ond trwy Grist a'i fuddugoliaeth mae'r hyn sy'n dragwyddol mewn angau wedi ei drechu i'r rhai sydd ynddo ef.

Y mae gwahaniaeth sylfaenol rhwng dysgeidiaeth y TN am yr atgyfodiad a syniadau hen a newydd am anfarwoldeb yr enaid. Atgyfodiad i'r corff a'r enaid a geir yn Paul.

TRAFOD

- Dim ond trwy'r Crist atgyfodedig y derbyniwn rym yr Ysbryd Glân. Beth yw ystyr y gosodiad hwn?

- Gweithred cwbl newydd a syfrdanol Duw yw'r atgyfodiad ac nid rhan o'r drefn byd natur.

- Atgyfodiad mae'r TN yn ei gynnig ac nid anfarwoldeb yr enaid.

39. Adnabod y Ysbryd – Eneiniad, sêl, ernes
2 Corinthiaid 1:15 - 22

CRYNHOI

Geiriau rhyfeddol yn disgrifio gwaith yr Ysbryd Glân a geir yma. Ffurfiant gasgliad pwysig Paul yn ei amddiffyniad ger bron y Corinthiaid oedd wedi meiddio ymosod ar ddidwylledd ei hawl fel apostol. Yr oeddent wedi ei gyhuddo o fod yn ddauwynebog, a'i eiriau yn "ie" a "nage" yr un pryd. Etyb Paul trwy amddiffyn ei hawl i fod yn apostol "trwy ewyllys Duw" (1:1). Ffyddlondeb Duw ei hun sy'n gwarantu dilysrwydd gair Duw iddynt hwy (adn. 18a). Dyma'r gair a bregethodd yn eu mysg – gair Crist. Hwn yw'r prawf pendant o wirionedd ei neges a dilysrwydd ei apostolaeth. Dywedwn ninnau "Amen er gogoniant Duw."

Yr un Duw dibynadwy sydd wedi eu cadarnhau trwy dywallt ei Ysbryd i'w calonnau. Yr "eneiniad" a'r "sêl" hwn yw "ernes" eu gwaredigaeth yn y dyfodol. Dyma un o'r darnau mwyaf Duw-ganolog yn holl lythyrau Paul ac felly yn allweddol i'w ddealltwriaeth o Dduw. Cymeriad Duw ei hun yw sylfaen yr iachawdwriaeth fawr a wireddwyd mewn hanes trwy Iesu Grist a'i farwolaeth a'i atgyfodiad ac a wreiddiwyd yng nghalonnau'r Corinthiaid trwy'r Ysbryd. Hwn yw Ysbryd gobaith.

Mae adn. 21 a 22 yn adnodau digon anodd eu cyfieithu, ond llwyddodd y BCN i gyfleu ystyr y geiriau glir iawn. Y mae y gair "cadarnhau" yn allweddol a defnyddia Paul dair delwedd i egluro ym mha fodd mae Duw yn cadarnhau Cristnogion trwy roddi iddynt yr Ysbryd:

- "eneinio". Mae'r gair yn cyfeirio at yr arfer yn yr HD o eneinio rhywun ar gyfer tasg arbennig – brenin neu offeiriad neu broffwyd. Daeth i olygu Eneiniog yr Arglwydd fel y gwelsom yn Eseia – y Meseia yr oedd Duw wedi ei benodi i gyflawni gwaith arbennig. Yr hyn sy'n unigryw i'r TN cyfan yw fod Paul yn cymhwyso'r gair hwn at y credinwyr. Daw'r holl gredinwyr i dderbyn eneiniad yr Ysbryd (onid dyna addewid y proffwyd Joel?). Hanfod derbyn yr eneiniad hwnnw yw perthynas â Christ.

- "sêl". Stamp y perchennog ar gwyr neu wêr i arwyddo dilysrwydd perchnogaeth ac felly'n warant o'i amddiffyniad. Y mae'r Ysbryd yn "sêl" o berchnogaeth Duw ac yn warant a sicrwydd o etifeddiaeth derfynol y crediniwr. Yr Ysbryd yw marc perchnogaeth Duw ar y Cristion.

- "ernes". (Groeg: *arrabon*). Hwn oedd y taliad cyntaf a wnâi'r prynwr wrth brynu eiddo. Unwaith yr oedd y taliad cyntaf wedi ei wneud yr oedd y cytundeb mewn grym. Yr oedd y prynwr yn ymrwymo i dalu'r gweddill yn llawn. Sylwer mai Duw sy'n rhoi i ni ei Ysbryd yn ein calonnau fel y "taliad cyntaf" ac felly wedi ymrwymo ei hun i roi yr etifeddiaeth i ni yn llawn maes o law. Yr Ysbryd ei hun yw blaendal ein gobaith am y dyfodol. Dechrau'r broses fydd yn gorffen yn ein gwaredigaeth derfynol yw hyn.

Trwy gyfrwng y trosiadau hyn mae Paul yn cadarnhau dilysrwydd ei weinidogaeth a'i apostolaeth sydd i'w gweld yn amlwg yn eu heffaith ar fywydau'r Corinthiaid.

CYMHWYSO

Mae arwyddocâd pellach i bwyslais Paul ar ddidwylledd Duw yn y fan hon. Yn wahanol i lawer o ddiwinyddion cyfoes sy'n mynnu dweud nad yw "ie" a "nage" yn golygu dim o'i gymhwyso at Dduw. Dyma wneud ffolineb llwyr o bob rheswm a gwirionedd sydd yn y Beibl ac ymhob cylch arall o fywyd o ran hynny. Gallwn ddweud yn ôl rhai diwinyddion, er enghraifft, mai trwy ffydd yng Nghrist yn unig yr achubir dyn, ond yr un pryd gellid dweud yr un mor gywir mai trwy ffydd yn Allah neu rhyw dduw arall yr achubir dyn hefyd. Dadl Paul yma yw na all y ddau osodiad fod yn wir. Nid mater o ddefnyddio rhesymeg meidrol at yr Hollalluog yw hyn, ond yn hytrach mater o gydnabod nad Duw dauwynebog yw ein Duw ni. "Nid ie a nage yw." Gallwn ddweud yn hyderus fod $2+2 = 4$ yn golygu yr un peth Iddo Ef ag ydyw i ni.

Y mae i'r gwirionedd bod yr Ysbryd yn rhodd Duw i'n calonnau yn gadarnhad o'n hiachawdwriaeth yng Nghrist ac y mae'r "eneiniad," y "sêl," a'r "ernes" yn sail o'r gobaith sydd gennym fel Cristnogion am y dyfodol. Nid pobl anobeithiol ydym yn wyneb grymusterau'r byd hwn, ond pobl sy'n llawn gobaith am fod Ysbryd Duw yn "nerth o'n plaid ni sy'n credu ynddo."

TRAFOD

- Pa un o'r darluniau hyn o'r Ysbryd sy'n bwysig i chi? Paham?
- A oes gennym fel Cristnogion le i anobeithio?

40. Adnabod yr Ysbryd – Ysbryd y Cyfamod Newydd
2 Corinthiaid 3:1-18

CRYNHOI
Yr oedd rhywrai o'r tu allan wedi aflonyddu ar yr eglwys yng Nghorinth, pobl oedd yn "pedlera gair Duw" ac mewn gwrthgyferbyniad iddynt hwy mae Paul yn siarad fel un sy'n byw ym mhresenoldeb Duw. Yr oedd y lleill wedi gorfod cael llythyrau cymeradwyaeth, ond nid felly Paul.

Gyda'r ddadl hon mae'r drydedd bennod yn agor. Nid oes angen llythyrau cymeradwyaeth arno am y rheswm syml bod eu bywydau hwy yn llythyr ynddo'i hun neu yn brawf digonol o effeithiolrwydd gweinidogaeth Ysbryd Crist trwy'r apostol yn eu mysg. Trwy'r weinidogaeth honno ysgrifennodd Duw trwy ei Ysbryd nid ar lechau cerrig "ond ar lechau'r galon ddynol."

Y gwrthgyferbyniad hwn rhwng y Gyfraith a ysgrifennwyd ar lechi a'r Ysbryd sy'n ysgrifennu ar y galon "gnawdol" (Groeg: *sarkinais*) yw cyfiawnhad Paul dros ei alw'n gyfamod newydd neu gyfamod yr Ysbryd. Mae delweddau cyfoethog yr HD yn sail i'r ddadl hon. Yn Eseciel 36:26-27 bydd Duw yn newid y galon garreg sydd gan ei bobl a rhoi iddynt "galon gig" ac yn Jeremeia 31:31-34 ysgrifennir y cyfamod newydd yn eu calonnau. I Paul gwaith yr Ysbryd yw hyn i gyd a'r hyn sy'n drawiadol yw ei fod yn ymestyn hyn i'r cenedl-ddynion.

Yn erbyn y cefndir hwn y mae deall y gwrthgyferbyniad rhwng "y llythyren" a'r "Ysbryd". Nid condemnio'r Gyfraith fel y cyfryw y mae Paul, ond pwysleisio nad oedd yn bosibl i unrhyw un gyflawni ei gofynion am ufudd-dod perffaith heb rym a gallu'r Ysbryd. Ond trwy'r Ysbryd bydd yr un Gyfraith yn cael ei hysgrifennu ar galonnau pobl, ac felly o'u gwirfodd, yn nerth yr Ysbryd, byddant yn ufuddhau iddi. Mae'r Gyfraith ei hun yn sanctaidd a da ac hyd yn oed yn "ysbrydol" (Rhufeiniaid 7:12,14), ond mae'n gwbl analluog i ddod â bywyd a chyfiawnder. Felly, yn nhermau yr hen gyfamod, nid yw'r esgor ar ddim ond marwolaeth tra bo'r cyfamod newydd trwy'r Ysbryd yn rhoi bywyd a chyfiawnder.

A dyna pam fod gweinidogaeth y cymod trwy'r Ysbryd yn rhagori ar yr hen gyfamod mewn gogoniant. Trwyddo, gallwn edrych ar ogoniant Duw heb orchudd ('veil') ar ein llygaid. Delwedd wedi ei sylfaenu ar Exodus 34:34 lle y gosododd Moses orchudd ar ei wyneb wedi bod ym mhresenoldeb Duw rhag i'w ddisgleirdeb ddallu'r Israeliaid. Yn awr, trwy weinidogaeth yr Ysbryd gallwn droi at Dduw (profi tröedigaeth) ac felly tynnir ymaith y gorchudd oddi ar ein llygaid. Yr Ysbryd hwn trwy gymhwyso gwaith achubol Crist i fywyd y crediniwr yw'r allwedd i ddod â phobl i bresenoldeb Duw. Gyda'r gorchudd wedi ei dynnu oddi ar y galon galed, gall pobl Dduw gael mynedfa mewn rhyddid. Y mae Paul yn gwneud peth beiddgar yma trwy ddefnyddio'r gair ARGLWYDD = Yahweh am yr Ysbryd. Dyma bwysleisio bod yr Ysbryd yn Arglwydd yn ei hawl ei hun.

Mae hyn yn arwain at yr adnod olaf sy'n goron ar y cyfan. Er hynny, nid yw'n adnod hawdd ei deall. Parheir gyda'r gwrthgyferbyniad rhwng y rhai sy'n dal i fod a'r gorchudd ar eu llygaid a'r rhai sydd yn gweld Duw heb orchudd trwy rym yr Ysbryd. Y mae'n debyg i edrych ar ogoniant yr Arglwydd fel mewn drych. Yr oedd Corinth yn enwog am eu drychau pres o safon uchel, er hynny metel oeddent. Trwy edrych yn hwn gellir gweld Duw, ond nid yw hynny yr un fath â'i weld wyneb yn wyneb. Dyna ystyr y cyfieithiad sy'n nhestun y BCN yn hytrach na'r hyn a gynigir yn y troednodyn. Gweld gogoniant Duw yn cael ei adlewyrchu mewn drych a wnawn.

Cadarnhau ei ddadl o adn.16 mae'r cymal olaf trwy bwysleisio duwdod yr Ysbryd. Nid yw'n uniaethu'r Ysbryd gyda Yahweh na Christ, ond yr Ysbryd hwn yw'r allwedd i'n perthynas â Duw. Priodolir i'r Ysbryd arglwyddiaeth ddwyfol. Hwn yw'r grym sy'n ein trawsffurfio i ddelw'r hwn a'n creodd ni er gogoniant i'w enw. Dyma uchaf nod yr iachawdwriaeth fawr.

CYMHWYSO

Gwaith yr Ysbryd yw grym gweinidogaeth. Nid oes cyflawni gweinidogaeth yr efengyl oni bai am rym yr Ysbryd. Gyda'i ddyfodiad ef daeth yr hen oes i ben ac yn ei ryddid ef cawn weld gogoniant Duw ei hun – yn wyneb Iesu Grist. Trwy'r Ysbryd felly down nid yn unig i wybod am Dduw, ond deuwn hefyd i'w bresenoldeb mewn math fodd nes ein bod yn cael ein hadnewyddu ar ei ddelw ef.

Fel cerflun anorffenedig Michael Angelo, " Y Caeth" sy'n ddim namyn amlinelliad o gorff dynol yn y broses o gael ei naddu allan o'r graig. Felly'n union mae'r Ysbryd wrth ei waith yn ein "naddu" ninnau i ddelw Crist er mwyn adlewyrchu ei ogoniant.

TRAFOD

- Gwaith yr Ysbryd yw ein trawsffurfio i ddelw Crist. I ba raddau y gallwn ddirnad ei ddylanwad ar ein bywydau ni?

- Beth sy'n newydd yn nyfodiad yr Ysbryd?

- Edrychwch emyn mawr Hugh Jones, Maesglasau, "O tyn y gorchudd..." (525 *Caneuon Ffydd*) a myfyriwch arno yng ngoleuni'r adran hon.

41. Adnabod yr Ysbryd – Trysor Mewn Llestri Pridd
2 Corinthiaid 4:1-18

CRYNHOI
Yn dilyn o'r rhyddid sydd gan y Cristion ger bron Duw cyfyd y cwestiwn pa fath fywyd y mae'n ei fyw? Ateb y cwestiwn hwn a wna Paul yn y tair pennod sy'n dilyn.

Egyr y bennod hon trwy gysylltu'r "weinidogaeth hon" gyda'r hyn a welwyd ym mhennod 3:6,8 lle disgrifiwyd gweinidogaeth Paul yn nhermau cyfamod newydd yr Ysbryd sy'n disgleirio'n rhagorach mewn gogoniant na dim a gafwyd o'i flaen. Dychwelyd i'r thema hon a wna Paul yma trwy gymeradwyo ei hun i gydwybod pob un oherwydd roedd y neges fawr a gyhoeddodd yn ddatguddiad o wirionedd Duw. Am gysylltiad yr Ysbryd gyda'r amlygiad hwn gweler 1 Corinthiaid 2:12-13.

Ochr yn ochr â'r efengyl hon mae ef yn ei phregethu nid yw "efengyl" y lleill sy'n aflonyddu arnynt yn ddim namyn llurguniad o'r gwirionedd ('counterfeit'). Pobl wedi eu dallu ydynt gan dduw y byd hwn ("gorchudd am eu llygaid") ac nid yw'r Ysbryd wedi tynnu'r gorchudd oddi ar eu llygaid er mwyn eu galluogi i weld "goleuni Efengyl gogoniant Crist, delw Duw." Ond llewyrchodd y Duw byw oleuni yn ein calonnau er mwyn ein goleuo â goleuni gwybodaeth o'i ogoniant. Gogoniant a welir yn wyneb Iesu Grist. Dyma osod goleuni Ysbryd y Duw byw mewn gwrthgyferbyniad llwyr â "duw yr oes hon." Gorchuddio calonnau yr anghredinwyr y mae hwnnw, tra bo'r Ysbryd yn symud y gorchudd er mwyn ein galluogi i weld gogoniant Iesu Grist.

Cynnwys neges yr Ysbryd yw Iesu Grist neu a bod yn fanwl "Iesu Grist yn Arglwydd." Y neges hon y mae'r pregethwr o dan rwymedigaeth i'w chyhoeddi ac nid ef ei hun – pa mor dalentog bynnag ydyw. A gweision Duw i ddod â'r goleuni hwn i'r Corinthiaid oedd Paul a'i debyg. Gweithred y gellir ei chymharu i'r grym rhyfeddol yn y creu a barodd i oleuni lewyrchu yn y tywyllwch. Dyma gysylltu cyfoeth o themâu: Un yw Duw y Creawdwr a Duw y Gwaredwr ac nid Duw gwahanol; yr Ysbryd yw cyfrwng y Creu ac ef yw cyfrwng ein goleuo; a daeth gogoniant Duw oedd yn amlwg yn y creu yn amlwg yn awr yn wyneb Iesu ei hun.

Nid ymffrostio yn ei weinidogaeth mae Paul, ond fel y dengys adn.7 ei amcan yw canmol gallu tra-rhagorol Duw. Llestri pridd yn llawn diffygion a gwendidau ydym ni, meddai, er mwyn i nerth Duw gael ei amlygu. Cafwyd llestri pridd neu botiau pridd o bob math yn yr hen fyd, rhai yn fach eraill yn fawr. Ynddynt y byddai pobl yn gosod trysorau'r teulu. Fe gofir mai mewn potiau cyffelyb y darganfuwyd Sgroliau'r Môr Marw. Natur potiau o'r fath oedd torri a chracio'n rhwydd. Potiau wedi cracio ydym ni, ac eto mewn llestri tebyg y dewisodd Duw osod llewyrch goleuni ei Efengyl. A dyma ddychwelyd i thema fawr 1 Corinthiaid pennod 1. Pethau distadl a dinod y byd a ddewisodd Duw i gyflawni ei waith o ledaenu goleuni'r Efengyl. "Y gallu tra rhagorol" yw'r Ysbryd Glân ar waith yn ein calonnau.

Trwy ddod â neges fawr croes Crist iddynt hwy amlygwyd nerth anghyffredin yr Ysbryd yn eu plith. Maent yn dal yr Ysbryd hwnnw yn gyffredin (adn.13) "ysbryd crediniol." Mae rhai yn honni mai cyfeirio at agwedd neu feddylfryd mae Paul yma, ond o ystyried popeth mae wedi ei ddweud am yr Ysbryd yn flaenorol gwell yw arddel mai yr Ysbryd Glân sydd ganddo mewn golwg yma. Rhodd yr Ysbryd, wrth gwrs, yw ffydd yn y galon.

Gwarant Duw ei hun o wirionedd y neges yw Atgyfodiad Iesu Grist. Yr un Duw trwy ei Ysbryd sydd ar waith ynom ni. Er gwaethaf y ffaith ein bod o ran y cnawd yn dadfeilio, adnewyddir ni yn feunyddiol trwy gadw ein golwg ar oleuni gogoniant Efengyl Duw yn wyneb Iesu Grist. Dyma'r pethau tragwyddol "na welir" oni bai i'r Ysbryd symud y gorchudd oddi ar ein llygaid.

CYMHWYSO

"Preaching is the bringing of truth through personality" oedd arwyddair y pregethwr Americanaidd Phillips Brooks, a daeth ei slogan yn boblogaidd ym mhulpudau Cymru. Ond nid dyna a ddywed Paul: "Nid ein pregethu ein hunain yr ydym." Dywed Calfin: "The man who wishes to preach only Christ must forget himself." Llestri pridd ydym er mwyn i ogoniant Duw gael ei amlygu. Mae gosod ein hunain mewn rhyw ffordd rhwng y gwrandawyr a'r neges yn y pen draw yn ei chuddio.

Mae dilyn Crist yn golygu dioddef yng ngwasanaeth yr Efengyl. Yn y dioddefaint, gogoniant Crist a amlygir. Sonia'r ysgolhaig Beiblaidd o Birmingham, Frances Young am un o'i meibion sy'n dioddef yn ddrwg o awtistiaeth, am bwysigrwydd y gwirionedd hwn am y llestri pridd iddi hi. Potiau pridd ydym i gyd, meddai, ond mae rhai wedi cracio mwy na'i gilydd.

Eto, hyd yn oed yn y rhai wedi cracio mae Duw yn gosod disgleirdeb goleuni ei ogoniant yn wyneb Iesu Grist. Er gwaethaf ein gwendid, amlygu mawredd neges yr Efengyl yw ein braint.

TRAFOD

- Beth yw gwarant Duw o wirionedd neges y pregethwr?

- Ai personoliaeth y pregethwr neu wirionedd y bregeth sy'n bwysig?

- I ba raddau mae'r darlun am lestri pridd yn gymorth i ni i ddeall fod goleuni Duw yn disgleirio mewn llestri wedi cracio hefyd?

42. Adnabod yr Ysbryd – Gweinidogaeth y Cymod
2 Corinthiaid 5: 11-21

CRYNHOI

Hanfod gweinidogaeth yw gwasanaeth. Agwedd gwas a gymerodd Iesu a dyna'r patrwm i bob un sy'n swyddog eglwysig. Nid ar statws mae'r pwyslais ond ar y gwaith mawr sydd i'w gyflawni. Yn y darn hwn uchel fraint pob aelod o Eglwys Iesu Grist yw gweinidogaeth y cymod.

Yr Arglwydd Iesu Grist yw pen mawr yr Eglwys ac ef hefyd yw ei hunig weinidog. Nid yw wedi dirprwyo ei waith i neb arall. Ef sy'n ei galw; ef sy'n ei chynnal; ef sy'n ei harwain; ef sy'n ei bugeilio. Ond mae'n cyflawni'r weinidogaeth hon trwy ei Ysbryd. Trwyddo ef mae'n cyflawni ei wasanaeth iddi. Y trysor pennaf y mae ef trwy'r Ysbryd yn ymddiried i'w Eglwys yw gwasanaethu'r cymod.

Dyma un o eiriau mawr y TN (Groeg: *katallasein*) a'i ystyr yw 'cymod'. Dyma'r gair a ddefnyddir mewn Groeg secwlar am ddod â dwy ochr oedd wedi cweryla ynghyd unwaith eto. Defnyddir y gair deirgwaith yn y darn hwn: mae Duw wedi cymodi ni ag ef ei hun trwy waith Crist; yr oedd Duw yng Nghrist yn cymodi'r byd ag ef ei hun; cymoder chi â Duw. Yr un ystyr sydd yn y tair enghraifft. Duw yw'r gweithredydd yn y cymod ac mae ei gariad yn gadarn a diwyro.

Y cariad hwn a'i hanfod ym marwolaeth Iesu dros bawb sy'n 'gorfodi' Paul i weinidogaethu yn enw Crist (adn. 14) ac nid ymffrost neu falchder neu bwysigrwydd yng ngolwg y byd. Gyda'r hyn sydd yn y galon y mae ei ddiddordeb ef (adn. 12). Bu Crist farw unwaith er mwyn i ni farw i ni ein hunain, ond mae marw i'r hunan yn golygu byw i Grist. Nid eiddo ni ein hunain mohonom mwyach ond eiddo Crist. Y cwlwm annatod hwn rhwng Crist a'r credadun ar sail ei gariad di-ollwng yw hyder y Cristion.

Gellir aralleirio dadl Paul fel hyn: "Os yw hyn yn wir, rhaid i ni gyfaddef fod marwolaeth Crist yn golygu bod pawb wedi dod o dan farn gyfiawn Duw; ond ymhellach, yr unig rai sy'n fyw yw'r rhai y mae Crist wedi eu bywhau trwy ei Ysbryd i gyflawni ei bwrpas." Oblygiadau pellach hyn yw'r ddau beth sylfaenol sy'n dilyn.

Yn adn. 16 dywedir nad ar sail gwedd allanol yr ydym yn barnu unrhyw ddyn, ni all unrhyw un ystyried ei hun yn was Crist oherwydd unrhyw anrhydeddau meidrol gan mai trefn newydd yr Ysbryd sy'n gweithredu yn awr. Mae marwolaeth ac atgyfodiad Crist wedi newid popeth, mae'n drobwynt yn hanes yr holl oesoedd. Ac i'r rhai sydd yng Nghrist, darfu'r hen a daeth y newydd.

Parhau gyda'r gwrthgyferbyniad rhwng yr hen a'r newydd a wneir yn adn 16 a 17. Y gwrthgyferbyniad sylfaenol yw'r un rhwng "yn ôl y cnawd" (Groeg: *kata sarka*) ac "yn ôl yr Ysbryd" (Groeg: *kata pneuma*). Nid ydym mwyach yn barnu Crist yn ôl "safbwynt dynol" (o safbwynt yr hen oes sydd wedi darfod) ond o safbwynt yr oes newydd, oes yr Ysbryd.

Dyma chwyldro Duw sydd ar waith nid yn unig ym mywydau unigolion ond trwy Grist a'i Ysbryd yn yr holl greadigaeth. Daeth y greadigaeth newydd a darfu'r hen drefn. Ni ellir anwybyddu grymuster y neges hon i'r bywyd Cristnogol – bywyd yn cael ei fyw yng ngrym yr Ysbryd ac nid ar sail y cnawd sydd yn darfod ac yn mynd heibio.

Tristwch y Corinthiaid oedd eu bod wedi gwrthod hyn ac wedi dychwelyd i gaethiwed byd o dan gondemniad a charchar y cnawd. I fywyd hunanganolog; bywyd o hunanoldeb; bywyd o falchder oedd yn dyrchafu pwysigrwydd yn y byd hwn. Ond allwedd y gwir fywyd yw croes Crist . Nid yn yr allanolion mae'r grym ond yn yr Ysbryd sy'n trigo yn y credadun ac yn ei fywhau yn fewnol a dod ag ef i ddelw Duw ei hun.

Y cyfrwng mae Duw yn ei ddefnyddio i gyflawni hyn yw Efengyl y cymod y soniwyd amdani uchod.

CYMHWYSO

D'oes dim byd yn anodd mewn diwinyddiaeth meddai Edwyn Pryce Jones, gellir ei grynhoi i un adnod "yr oedd Duw yng Nghrist yn cymodi'r byd ag ef ei hun." Y cyfan yw diwinyddiaeth yw trafod perthynas y tri pheth hwn: Duw, Crist a'r byd.

Cariad di-ildio Duw yng Nghrist tuag at ei bobl ef ei hun yw'r man cychwyn bob amser. Mae'r byd hwn yn mynd heibio ac wedi marw eisoes yng nghroes Crist, ond trwy ras Duw bywheir ei bobl er mwyn cyflawni ei ewyllys. Mae'r hen yn darfod a'r newydd wedi dod. Trwy ei Ysbryd mae Duw nid yn unig yn creu pobl newydd ond yn creu byd newydd.

Yr ydym yn byw rhwng dwy oes; yr oes sy'n darfod a'r oes newydd sydd eto'i ddod ond sydd ar waith ym mhobl Crist yn awr. Yn nhermau Iesu, grym y Deyrnas yw hyn. Gwasanaethu'r Deyrnas honno trwy rym yr Ysbryd yw braint y Cristion ac nid ceisio anrhydeddau'r bywyd hwn.

TRAFOD

- Pam nad yw anrhydeddau'r byd a'r bywyd hwn yn bwysig i'r Cristion?

- Gwasanaethu'r cymod yng Nghrist yw braint uchaf bod yn weinidogion iddo. I ba raddau y buom yn ffyddlon i hyn?

- "Yr unig ddilysrwydd mewn gweinidogaethu ... yw fod yr Arglwydd Iesu'n ei arddel trwy ei Ysbryd." R Tudur Jones. Pa swyddogaeth sydd i'r eglwys wrth gydnabod galwad rhywun?

- Beth yw'r gwahaniaeth rhwng "bywyd yn y cnawd" a "bywyd yn yr Ysbryd?"

43. Adnabod yr Ysbryd - Patrwm y Gwas
2 Corinthiaid 6:1-10

CRYNHOI

Darlun o ddioddefiadau gweision Crist a phob Cristion arall yng ngwasanaeth yr efengyl a geir yn yr adran hon. Os yw'r dioddefiadau yn llym mae byd arall gerllaw – y greadigaeth newydd (2 Cor. 4:6; 5:17), gyda'i atgyfodiad a'i fywyd (5:1-10). Yn y cyd-destun o ddioddefaint yn awr yr ydym yn byw ein bywydau fel Cristnogion. Awdur a chynhaliwr y bywyd hwn yw'r Ysbryd Glân.

Gellid dadlau nad yw'r Ysbryd yn bwysig yn y bennod hon, ond mae hynny yn anwybyddu'r cyd-destun yn llwyr gan mai holl ragdybiaeth Paul yn y fan hon yw fod y bywyd Cristnogol yn fywyd "yn yr Ysbryd Glân" (Groeg: *en pneumati hagio*). Ymadrodd sydd cyn bwysiced yn y llythyrau hyn at y Corinthiaid ag ydyw'r ymadodd cyffredin "yng Nghrist" (Groeg: *en Christo*) yn llythyrau eraill Paul. Yn wir, pwyslais eglur Paul yw y deuwn i fod yng Nghrist trwy yr Ysbryd ac arhoswn yng Nghrist trwy yr un Ysbryd. Mae "dod i mewn" ac "aros i mewn" felly, yn waith yr Ysbryd.

Apêl daer Paul a'i gydweithwyr ar y Corinthiaid yn y bennod hon yw ymateb rhag iddynt wneud y gras a dderbyniwyd ganddynt yn ofer. Bachu ar y cyfle tra bo drws trugaredd ar agor yw ystyr yr ymadrodd cyfoethog "amser cymeradwy" (Groeg: *kairos*). Dyma'r cyfle mae Duw yn ei estyn i bechaduriaid i ymateb i wahoddiad yr Efengyl yn Iesu Grist. Gwae'r gweinidog sy'n gosod rhwystrau yn llwybr neb i ddychwelyd at Dduw. Ond gwyn ei fyd y sawl sy'n dyfalbarhau yn y gwaith.

Rhagdybiaeth sylfaenol Paul yn y rhestr hon o nodweddion gweinidogion Crist (= pob un sy'n was i Grist) yw mai gallu a nerth yr Ysbryd sy'n galluogi Cristnogion i'w cyflawni. Dechreuir trwy restru'r caledi mewn tripledi gan fod y "dyfalbarhau" (Groeg: *hupomonê*) yn deitl i'r cyfan:

Dyfalbarhau Mewn: gorthrymderau, gofidiau, cyfyngderau.

...Mewn caledi a ddioddefir oddi wrth eraill: chwip, carchar a therfysg.

...Mewn gweinidogaeth grwydrol: llafur, diffyg cwsg, ymprydiau.

Dilynir hyn gan restr o'r grasusau bob yn bedwar:

... Mewn purdeb, gwybodaeth, goddefgarwch a charedigrwydd;

... Yn yr Ysbryd Glân, gwir gariad, gair y gwirionedd a nerth Duw.

Yr hyn sy'n drawiadol yw fod yr Ysbryd yn cael ei gynnwys mewn rhestr sy'n amlwg yn cadarnhau gwendid, caledi ac amarch. Nid ein harwain i ymorchestu mae'r Ysbryd, ond i ymffrostio yng Nghrist. I Paul mae grym yr Ysbryd yn ei alluogi i weinidogaethu hyd yn oed yng nghanol adfyd a gorthrymderau'r oes bresennol. "Heb ddim gennym, ac eto'n berchen pob peth."

CYMHWYSO

Braint aruthrol gweinidogaeth pob Cristion yn yr Eglwys yw cael bod yn gyfryngau yn llaw Duw i ddod ag eraill i adnabod Duw yng Nghrist. Dyma genhadaeth sylfaenol yr Eglwys yn y byd. Bydd yn cael ei themtio i wneud pob math o bethau eraill ac i geisio clod ac anrhydedd dynion, ond os nad yw yn cyflawni'r alwad sylfaenol hon nid yw yn gwneud ei gwaith.

Yn ystod y ganrif ddiwethaf er gwaetha'r hyder a fynegwyd yng Nghynhadledd Genhadol Caeredin 1910 gyda'i slogan "the evangelization of the world in this generation," ni ddyfalbarhawyd gyda'r dasg. Aeth ein Cristnogaeth yn y Gorllewin yn ddiegni a difywyd a chollwyd gafael ar y gwirionedd fod a wnelo ein ffydd â thynged dragwyddol pob dyn.

Rhaid adfer pwyslais Paul ar y bywyd Cristnogol fel bywyd sy'n cael ei fyw yn yr Ysbryd. Grym gweddi a goleuni'r Gair o fewn i gymdeithas yr eglwys yw cyfryngau arferol Duw i fywhau ei bobl. Dyfalbarhau yn y pethau hynny yw ein dyletswydd o hyd.

TRAFOD

- " A all yr esgyrn sychion fyw?" yw cwestiwn Duw i'r Proffwyd. Yr ateb, wrth gwrs, yw "gallant." A all ein heglwysi ninnau brofi bywyd newydd?

- A oes gwir weinidogaeth heb godi'r groes a'i ganlyn ef?

- Beth yw pennaf faint y weinidogaeth?

44. Adnabod y Tad, a'r Mab a'r Ysbryd Glân
2 Corinthiaid 13

CRYNHOI

Er mai adn. 13 yn unig sy'n cyfeirio at y Drindod, mae'n werth edrych ar y bennod i gyd oherwydd ei chynnwys a'i harwyddocâd i bopeth y mae Paul wedi bod yn ceisio'i ddweud wrth y Corinthiaid. Yr oeddent hwy wedi bod dadlau yn ei erbyn trwy bwysleisio bod nerth yr Ysbryd yn amlwg ar waith ynddynt hwy, a dim byd ond gwendid ar ochr Paul. Yr oeddent wedi gofyn am brawf fod Crist yn llefaru trwyddo. Eu geirfa hwy oedd, "nerth" a "grym" a "thafodau" a "gweledigaethau" a "gwyrthiau" – ond nid "gwendid". Gwendid oedd y groes iddynt hwy, ond yn honno mae gwir nerth Duw yn gorwedd, medd Paul.

Dywed yma fod Crist yn eu plith mewn nerth; nerth a sylfaenwyd ar wendid y groes ac ar rym yr atgyfodiad. Dyma ddwy gonglfaen yr efengyl ac ar sail y rhain y daeth atynt y drydedd waith i bwyso arnynt. Ei neges glir yw nad yw ei wendid ef yn gorfforol yn dirymu nerth yr efengyl – i'r gwrthwyneb mae'n eglurebu neges y Meseia croeshoeliedig ac yn dangos fod y gwir nerth yn gorwedd yn y Duw a'i cododd o'r bedd. D'oes dim nerth heb ddioddefaint a gwendid y groes.

Mae'r fendith hon (adn 13) ar ddiwedd y llythyr yn gwbl unigryw ymysg llythyrau Paul. Fel arfer, "gras ei Harglwydd Iesu Grist" yw ei gyfarchiad olaf, ond yma mae'n ymestyniad Trindodaidd. Efallai mai rhywbeth cwbl ddamweiniol ydyw, ond o ddeall yr hyn oedd yn digwydd yng Nghorinth tebycach o lawer yw ei fod yn gwbl fwriadol. Mae'n amlwg ei fod wedi dechrau fel arfer gyda "gras ein Harglwydd Iesu Grist" ond ei fod yn fwriadol wedi cyfeirio at Dduw a'r Ysbryd yn ychwanegol. Mae ei ddiddordeb yn swyddogaeth achubol y Drindod yn amlwg.

Mae'r ymadrodd yn crisialu, ar un llaw, ei ddealltwriaeth o'r waredigaeth. Gellir edrych ar ddarnau fel Rhufeiniaid 5:1-11; 18-21 a Galatiaid 4:4-6 fel mynegiant llawnach o'i gred. Mae gras Iesu Grist yn fynegiant o fwriad Duw yn ei gariad i achub ei bobl. Trwy gymdeithas yr Ysbryd Glân daw'r gymuned i feddiannu'r cariad hwnnw eu hunain.

Yn ogystal, mae'r frawddeg yn agor y drws i ddeall pwy a beth yw Duw – yr hyn y buom yn ceisio ei grisialu yn y gyfres hon. "Duw y Drindod" yw'r enw a roddwn ni ar y Duw Cristnogol. Y mae bod yn Gristion yn golygu deall Duw yn y modd hwn.

I Paul y mae cariad (*chesedd* – cariad cyfamodol) Duw tuag at ei bobl wedi ei fynegi yn awr ym marwolaeth ac atgyfodiad Iesu Grist. Yn rhodd ei Ysbryd mae Duw wedi dod i'w greadigaeth newydd fel presenoldeb arhosol. Ei nodwedd amlycaf yw *koinonia* sy'n golygu "cyfranogi ynddo" neu "cymdeithas ag ef". Mae ei bresenoldeb gyda ni yn warant o'r gogoniant sydd i ddyfod. Fel hyn y daw Duw â'i bobl i berthynas ag ef ei hun ac i feddiannu breintiau iachawdwriaeth gan breswylio ynom yn nerth ei Ysbryd.

CYMHWYSO

Nid dyfais gan ddiwinyddion yw athrawiaeth y Drindod, ond un sy'n mynd i galon y duwdod ei hun. Un fel hyn, Tad, Mab ac Ysbryd, yw Duw – dyma ei enw ac i'r enw hwn y cawsom ein bedyddio. Gweddi yw hon gan Paul sy'n ein helpu i ddeall y ffaith mai allan o brofiad y Cristnogion bore yn eu haddoliad y cododd y ddealltwriaeth hon o Dduw fel Trindod. *Lex orandi – lex credendi*. Cyfraith addoliad yw sail cyfraith cred. Wrth gwrs, bu'n rhaid i'r eglwys ddiffinio'n fanylach beth yn union yr oedd yn ei olygu, ond o'r ffaith sylfaenol hon y mae pob dysgeidiaeth Gristnogol yn codi.

Fel dywedodd rhywun, mae gwirioneddau'r ffydd Gristnogol fel cadwen o berlau, pob perl yn werthfawr ynddi ei hun. Ond yr hyn sy'n eu dal ynghyd yw'r llinyn sy'n mynd trwyddynt i gyd. Yr enw ar y llinyn hwnnw yw Duw y Tad, a'r Mab a'r Ysbryd Glân. Hebddo mae'r cyfan yn chwalu.

Y Duw hwn yr un modd yw sylfaen ein gweithredu ninnau gan mai cariad yw'r symbyliad sy'n deillio ohono.

TRAFOD

- Mae gwir addoliad yn golygu adnabod Duw yn Dad, Mab ac Ysbryd Glân. Nid addoli'r Duw Cristnogol yr ydym os na chyflwynwn ein haddoliad i'r Tad, trwy y Mab, yn yr Ysbryd.

- Ym mha fodd mae'r eglwys yn "gymdeithas yr Ysbryd Glân?

- Darllenwch a myfyriwch ar emyn mawr Gwilym Hiraethog "Cariad Duw y Tad..." 38 *Caneuon Ffydd*)

45. Adnabod yr Ysbryd – Crynhoi

Amhosibl yw crisialu holl agweddau gwaith yr Ysbryd i ychydig o benodau fel hyn. Felly, ceisir crynhoi dysgeidiaeth Paul amdano yn y bennod hon. Dylai'r cyfundrefnwyr yn ein plith gofio hefyd nad mewn ffordd systemataidd y deliodd Paul gyda'r pwnc, ond codi allan o'i brofiad o ddelio gyda'r eglwysi y mae ei ddysgeidiaeth amdano. Nid yw hynny'n golygu mai gwaith ofer yw athrawiaethu fel y cred rhai yn ein plith, yn hytrach, disgyblaeth cwbl wahanol yw honno. Yr hyn sy'n bwysig, wrth gwrs, yw y dylai pob athrawiaeth gael ei sylfaenu ar yr Ysgrythurau ac nid ar athroniaeth feidrol.

Perthynas yr Ysbryd â Duw a Christ
- Yn anad dim arall yr Ysbryd Glân yw presenoldeb personol Duw ei hun ac nid rhyw ddylanwad neu naws neu argraff a adawyd ar feddyliau'r disgyblion gan Iesu Grist. Asiant Duw ydyw ac felly'n cario awdurdod y duwdod. Gweler Rhufeiniaid 8:9-11, 1 Cor. 6:19-20 a Galatiaid 4:6.

- Yn ei berthynas â Christ bu'n ffasiynol gan rai diwinyddion i ddibrisio person yr Ysbryd a'i alw yn ddim namyn dylanwad Iesu ar ei ddisgyblion. Mae'r holl dystiolaeth a ddaw o lythyrau Paul, fodd bynnag, yn bendant yn arwain i gyfeiriad arall. O'r 140 o enghreifftiau sydd gan Paul o ddefnyddio'r term ysbryd (Groeg: *pneuma*) y mae'r enw llawn "Ysbryd Glân" yn ymddangos 17 o weithiau, "Ysbryd Duw" 16 o weithiau, ond dim ond teirgwaith y defnyddir "Ysbryd Crist." Gwelwyd eisoes ar sail 1 Cor. 2:10-12 fod Paul yn cyffelybu'r Ysbryd yn ei berthynas â'r duwdod i'r modd mae ysbryd dyn yn gwybod cynnwys y meddwl.

- Mae digonedd o enghreifftiau o'r modd mae Paul yn dangos fod yr Ysbryd yn wahanol ac ar wahân i'r Crist dyrchafedig.(Rhuf. 8:26-27 – lle manylir ar y modd mae'r Ysbryd yn cynorthwyo ein gweddi; 2 Cor. 3:17-18).

- Ysbryd Ysbrydoliaeth: 2 Timotheus 3:16.

Perthynas yr Ysbryd â derbyn yr Efengyl
- Yr Ysbryd a phroclamasiwn: 1 Thesaloniaid 1:5-6 – nerth ac argyhoeddiad; 2 Cor. 3:8 – yn cyfiawnhau.

- Ysbryd datguddiad: 1 Cor. 2:1-5 pregethu; Effesiaid 1:17 – doethineb a datguddiad.
- Yr Ysbryd a ffydd: 2 Cor. 4:13;
- Yr Ysbryd a thröedigaeth: Galatiaid 3:2-5; Titus 3:4-7.
- Yr Ysbryd a mabwysiad: Galatiaid 4:4-6.
- Yr Ysbryd ac adenedigaeth: Effesiaid 2:1-13
- Yr Ysbryd a chyfiawnhad: Rhufeiniaid 5
- Yr Ysbryd a sancteiddhad: 2 Thesaloniaid 2:13.
- Yr Ysbryd ac eneiniad, sêl ac ernes 2 Cor 1:22.
- Y Dehonglwr Dwyfol: 1 Cor. 2:14-15.

Perthynas yr Ysbryd â bywyd
- Ysbryd sy'n cynnal cred: 2 Cor 4:13
- Ysbryd Gweddi: Rhufeiniaid 8
- Ffrwythau'r Ysbryd: Galatiaid 5:22-26
- Teml yr Ysbryd: 2 Cor. 6 – 7:1.
- Cariad: 1 Cor. 13.
- Gobaith: Rhuf. 15:13

Perthynas yr Ysbryd â Pobl Dduw
- Addoliad: 1 Cor. 14
- Doniau: 1 Cor. 12:6-8; Effesiaid 4:11
- Gofal: Rhufeiniaid 12:7-9
- Proffwydo: 1 Cor 12:10-14
- Tafodau: 1 Cor 12

Perthynas yr Ysbryd â'r pethau diwethaf
- Cyflawni Addewid: Effesiaid 1:13-14
- Yr Ysbryd a'r Atgyfodiad 1 Cor 15:44-48.

TRAFOD
- Pam fod parhau i ddysgu am y ffydd yn hanfodol i Gristnogion?
- Pa mor bwysig yw athrawiaeth i adeiladu ffydd?
- Ym mha fodd mae'r Ysbryd yn cynnal ein ffydd yn Iesu Grist?